Paulus Terwitte

Vom Glück des einfachen Lebens

Paulus Terwitte

Vom Glück
des einfachen Lebens
Impulse aus der Regel
des Heiligen Franziskus

Vier-Türme-Verlag

Bibliographische Information der Deutschen Bibliothek
Die Deutsche Bibliothek verzeichnet diese Publikation in der Deutschen Nationalbibliographie. Detaillierte bibliographische Daten sind im Internet über http://dnb.ddb.de abrufbar.

1. Auflage 2009
© Vier-Türme GmbH, Verlag, Münsterschwarzach 2009
Alle Rechte vorbehalten

Lektorat: Kristin Haas-Heichen
Umschlaggestaltung: Elisabeth Petersen, München
Umschlagmotiv: foodpix / Jupiterimages
Gesamtherstellung: Friedrich Pustet KG, Regensburg
ISBN 978-3-89680-433-4

www.vier-tuerme-verlag.de

Inhalt

Zum Geleit

Glücklicher Franziskus. Was ihm aufging, berührt bis heute die Seele der Menschen. Wer je in Assisi war, kann davon ein Lied singen. Kaum einer geht unbewegt von den heiligen Orten in dieser Stadt mitten im Herzen Italiens in sein Leben zurück. Eine heilsame Unruhe macht sich breit. In unserer Sehnsucht nach einem glücklichen Leben setzt sich der Sonnensänger und Mann des Friedens zu uns mit dem Geschenk, das, wie er sagt, der Herr selbst ihm offenbarte: nach der Form des heiligen Evangeliums zu leben.

Sein Lebensgeheimnis hat nach ihm Menschen aller Jahrhunderte angesprochen: Das Evangelium lässt sich einfach leben. Ohne Erklärung. Franziskus von Assisi hat dies nicht nur seinen Brüdern damals gesagt. Er war selbst der eindrückliche Zeuge dieser Wahrheit. So eindrücklich, dass er bis heute fasziniert.

Der Orden, der aus der radikalen Bekehrung des Kaufmannssohnes hin zur Einfachheit evangelischen Lebens erwuchs, war von Anfang an nicht einheitlich. Fast immer war es der gleiche heilige Streit, der Brüder in heiligem Eifer gegeneinander aufbrachte: Wie man das Evangelium noch einfacher leben kann. Noch ärmer. Noch gehorsamer. Noch radikaler. Die Sehnsucht nach einem echten, wahren und erfüllenden Leben duldet keine falschen Kompromisse und keine unendliche Verzögerung. Auf der Suche nach dem Glück des einfachen Lebens taten sich im 16. Jahrhundert Brüder verschiedener Richtungen des franziskanischen Ordens zusammen. Sie zogen sich in Einsiedeleien zurück. Sie wollten aufs Neue riskieren, dem Evangelium das größte Gewicht in ihrem Leben zu geben. Aus dieser Gruppe entstand ein franziskanischer Reformorden. Sie gingen barfuß, trugen Bart und ein braunes Ordensgewand mit einer spitzen langen Kapuze. Bald wurden sie nur noch »die Kapuziner« genannt. Mit ihrer Lebensstrenge wurden sie im 16. Jahrhundert volkstümliche Zeugen des gelebten Evangeliums, mit der sie bis ins 18. Jahrhundert hinein auch im deutschen Sprachraum zu einem der größten Orden wurden.

Mit ihrer Gottes- und Lebenserfahrung wurden sie verlässliche Weggefährten für viele, die nach einem Weg suchten, der nie versiegenden Sehnsucht des Menschen nach Glück eine Lebensform zu geben. Neben vielen sozialen Werken, in denen sie die legitime Sehnsucht des Menschen nach Heimat, Auskommen und Gemeinschaft stillten, wurden sie nicht müde, in volkstümlichen Predigten und Büchern von Wegen und Irrwegen zum Glück zu sprechen.

Es ist fast selbstverständlich, dass sie dabei auch auf die Ordensregel zu sprechen kamen, die zu halten sie sich entschlossen hatten. Von ihrem charismatischen Ordensgründer selbst verfasst, sollte darin doch auch ein Leitfaden zu finden sein für ein einfaches Leben außerhalb der brüderlichen Ordensgemeinschaft. Die Regel des Ordensgründers in die Gegenwart zu übersetzen sahen sie nicht nur als Aufgabe des eigenen Ordens an. Daran schließt diese geistliche Auslegung ausgewählter Abschnitte der franziskanischen Ordensregel an.

Die nicht versiegen wollenden Pilgerströme nach Assisi zeigen, dass der wegen seiner Liebe zur Armut und zum Mindersein gern »Poverello«, »kleiner Armer«, genannte Heilige aus Assisi bis heute Menschen aller

Länder, Kulturen und Religionen zum Staunen bringt. Wie aber kann die Faszination über Wirken und Auswirkung des Mannes, den auch sein Sonnengesang berühmt gemacht hat, zu einer Neubesinnung über die eigene Lebensexistenz werden? Welche Kraft steckt in den Worten eines Textes, auf den sich franziskanische Männer und Frauen seit Jahrhunderten beziehen und mit der sie ihre Heimat verließen, um mit anderen eine brüderliche Gemeinschaft des Gebetes und des Dienstes an den Mitmenschen zu leben?

Die franziskanische Ordensregel ist nach der benediktinischen die letzte von der Kirche anerkannte eigenständige Ordensregel. Ihre erste Fassung, die nur aus Worten des Evangeliums bestand, ist nicht mehr bekannt. Papst Innozenz III. hatte sie 1209 dem damals siebenundzwanzigjährigen Kaufmannssohn aus Assisi bestätigt, als dieser ihn mit elf Gefährten darum bat. Vermutlich bestand sie nur aus einigen Zitaten des Evangeliums und wurde von Franziskus mündlich vorgetragen. Die zweite, nun schriftliche Fassung wurde, so nimmt man an, von »eifrigen« Brüdern unterschlagen und beiseitegeschafft. Sie schien ihnen angesichts der wachsenden Zahl der Brüder schlichtweg nicht praktikabel für die Mehrzahl der Brüder. Weniger verständnisvoll formuliert: Sie war ihnen zu radikal. Die dritte Fassung, zu der man Franziskus nötigte, wurde zu einem Dokument mehr geistlicher Natur und entsprach nicht dem, was rechtlich versierte Brüder und der Apostolische Stuhl sich von einer Regel erwarteten. Die vierte Fassung, die man dem Heiligen abrang, hatte endlich jene Form, die Papst Honorius III. 1223 vorgelegt wurde und die er feierlich bestätigte. Ihr Original wird in der Reliquienkapelle der Basilika San Francesco in Assisi gezeigt.

Sie ist nach diesem Anweg somit selbst schon Dokument eines Grundzugs franziskanischer Spiritualität, in der Geist und Leben Vorrang haben vor Festlegungen und Formen, die unverrückbar sind. Die Brüder und Schwestern in den franziskanischen Orden und auch viele Menschen darüber hinaus verstehen sich selbst auch eher als Bewegung denn als feste Gruppe. Wer Franziskaner oder Franziskaner-Kapuziner oder Klarisse oder Franziskanerin wird, tritt nicht in ein Kloster ein. Er öffnet sich eher für eine Geisteshaltung, die unmittelbar vom Evangelium inspiriert ist, um immer mehr zu einem Leben in Fülle zu finden, wie es Franziskus entdeckt hatte.

Die juristischen Erfordernisse, denen die franziskanische Ordensregel genügen musste, um in der verfassten katholischen Kirche Anerkennung zu finden, konnten den Geist provozierender Einfachheit nicht löschen, der sich in der franziskanische Lebensform ausdrückt. Die Ordensregel stellt Fragen nach der persönlichen Lebensführung und der Gestaltung des geistlichen Lebens. Sie berührt die Einbindung in die Kirche, nimmt zu Fragen des Besitzes Stellung, dem Verhältnis zum anderen Geschlecht, zur Gestaltung der Gemeinschaft und zu vielem anderen mehr. Meine Auslegung ist von dem Wunsch beseelt, den Geist und die Kraft franziskanischer Geistigkeit für heute zum Leuchten zu bringen, damit viele davon ermutigt werden, es mit der franziskanischen Weise zu versuchen, das Evangelium zu leben und so zu einem gotterfüllten Glück zu finden.

Ich widme dieses Buch den verschiedenen örtlichen Brüdergemeinschaften, in denen ich seit meinem neunzehnten Lebensjahr in die franziskanisch-kapuzinische Lebensart hineinwachsen durfte. Dort fand ich Brüder, die mir unverwechselbar und charakterfest Zeugen des gelebten Evangeliums waren und sind. Mit ihrer ehrlichen Suche nach dem Ausdruck der Frohen Botschaft in die heutige Zeit hinein sind sie mir Weggefährten auf meinem Lebensweg als Kapuziner. Ohne sie wäre ich nicht, was ich jetzt sein darf. Ohne sie werde ich nicht sein, was ich noch werden soll.

Würzburg/Assisi, im Mai 2009
Br. Paulus Terwitte, Kapuziner

Eines anderen Glückes Schmied
Sich im Rahmen der Gemeinschaft sehen lernen

Wort des Herrn Papstes

*Honorius, Bischof, Diener der Diener Gottes, den gelieb-
ten Söhnen, Bruder Franziskus und den anderen Brüdern
vom Orden der Minderen Brüder, Heil und Apostolischen
Segen.*

*Der Apostolische Stuhl pflegt sich frommen Begeh-
ren zu neigen und geziemenden Wünschen der Bittstel-
ler wohlwollende Förderung zu erteilen. Daher, im Herrn
geliebte Söhne, haben Wir Uns euren frommen Bitten
geneigt und bestätigen euch kraft apostolischer Vollmacht die Regel eures Ordens, die von Papst Innozenz,
Unserem Vorgänger seligen Angedenkens, gutgeheißen
wurde und in vorliegendem Schreiben festgehalten ist,
und bekräftigen sie durch den Schutz gegenwärtigen
Schreibens.*

Franziskus von Assisi hat sich weniger als Erfinder eines
neuen Lebens gesehen. Er hatte vielmehr etwas gefunden, was ihm »der Herr selbst« gezeigt hatte. Ihm ist
eine Empfindsamkeit zu eigen, der jeder Stolz fern ist,
auf die wichtigen Dinge im Leben selbst kommen zu
wollen. »Der Herr hat mir Brüder gegeben«, schreibt er
in seinem Testament. Er baut sich keine neue Gemeinschaft auf. Erstaunlich gelassen nimmt er wahr, was sich
in ihm und um ihn herum tut. Sosehr er seinen Weg auch
in der Einsamkeit suchte, so sehr tritt er aus ihr immer
wieder heraus und lebt die Verbundenheit mit den
Menschen, ja mit der ganzen Schöpfung. Den Zusam-
menhalt stellt er nicht her. Er greift auf, was vorgegeben ist. Ganz einfach nimmt er ernst, dass er nicht allein
ist auf dieser Welt. Seine neue Perspektive ist: Was die

Welt auch zu bieten hat, ist ein Angebot Gottes an sein Leben. Ein Geschenk. Eine Gabe. Und damit auch eine Aufgabe.

Franziskus lässt sich spielerisch einbinden in die Gegebenheiten. Er macht sich seinen eigenen Reim darauf. Aber er will nicht ohne diese Gegebenheiten sein. Deshalb klingt die feierliche Sprache vom päpstlichen Hof den franziskanisch Gesinnten wie Musik in den Ohren. Das päpstliche Siegel, das unten an die Regel angehängt ist, wirkt wie ein Beweisstück für den Realitätssinn des Ordensvaters. Auch wenn manche darin eine Art Kapitulation vor der kirchlichen Macht sehen: Man kann sich den Armen von Assisi nur schwer unterwürfig verzerrt vorstellen. Päpstliches Herablassungswort und amtliches Siegel drücken vielmehr aus, dass ein einfaches Leben nach dem Evangelium nicht zu haben ist ohne den Überlieferungsdienst der Kirche. Wie sich die Kirche nicht das Evangelium erfunden hat, so hat Franziskus nicht sein einfaches Leben nach dem Evangelium erfunden. Wie die Kirche von Jesus herkommt, so kommt Franziskus von der Kirche her, in der er Jesus, fast möchte man sagen, freilegt.

Kaum hat er elf Gefährten gefunden, macht er sich auf den Weg nach Rom. Er nennt einen der mächtigsten Päpste, den die Kirchengeschichte kannte, einfach »Herr Papst«. Innozenz III. muss beeindruckt gewesen sein. Da kommt einer zu ihm, der sich einerseits Worte des Evangeliums vom Leben in Armut als Grundordnung eines neuen Lebens gegeben hat und dies andererseits nicht ohne das zustimmende Wort des Papstes einer reichen und mächtigen Kirche tun will. Wenn Franziskus später die Brüder auffordert, niemals einen Freibrief von der Kirche zu erbitten, kann man sich auch jetzt nur schwer vorstellen, er hätte sich mit einem gewissen Kalkül vor den Papst gebracht. Ein Fresko der Oberkirche der Basilika San Francesco in Assisi zeigt ihn als Stütze der Lateranbasilika beim Papst stehen, der dieses Bild geträumt haben soll, noch bevor er den evangelischen Bettler mit seinen Gefährten zu Gesicht bekam. In einfacher Einfalt will der neubekehrte Kaufmann sein Leben im Rahmen der Kirche führen, durch die ihm das Evangelium überliefert ist. Es geht ihm nicht um sich. Es geht ihm auch nicht um die Erneuerung einer Institution. Vielmehr geht es ihm darum, sein neues Glück anderen zur Verfügung zu stellen. Das kann auch nicht anders sein: Denn sein neues Glück bestand darin, einfach zu leben im Rahmen der Gemeinschaft und der Möglichkeiten, die einem angeboten sind. Es war ein Weg des Verzichtes auf alle selbstherrlichen Inszenierungen von Glücksvorstellungen, in denen man sich selbst groß zu machen versucht. Franziskus wird dankbar für die Möglichkeiten in der Realität. Und er ergreift sie.

Für die franziskanische Lebensweise ist es charakteristisch, dass zum Regeltext des Ordensgründers das Wort des Papstes und sein Siegel gehören. Wer franziskanisch lebt, kann nicht allein gehen und er hält sich nicht für das Ziel aller Dinge. Damit wird er selbst schon zum kritischen Hinweis für die Kirche, wunderbar festgehalten durch die unverbrüchliche Verbindung von Regeltext und päpstlichem Wort: Was die Brüder und Schwestern leben wollen, fängt mit der Kirche an und hört in ihr auf. Doch vor der Kirche, und dies muss man mit sehen, wenn man sich die franziskanische Regel anschaut, vor der Kirche steht wiederum ihr Anfang in Jesus Christus. Sie kann ohne ihn nicht sein. Und am Ende geht es auch nicht mehr um sie. Sie mündet in Jesus Christus, der dem Vater im Himmel alles zu Füßen legen wird (vgl. 1 Kor 15,27f).

Damit sind wir unversehens bei der Weite, zu der ein einfaches Leben befähigt. Wer nicht mehr sich sucht und seine Pläne, wem persönliche Auszeichnungen und hehre Ziele nicht mehr lebensnotwendig erscheinen, wird plötzlich einen freien Blick bekommen auf das, was wirklich um einen herum geschieht. Er wird sich beanspruchen lassen durch die Wirklichkeit, die ihn einfordert aufgrund seiner eigenen Talente und Fertigkeiten, die hier und jetzt gebraucht werden. Ohne Angst, zu kurz zu kommen, wird man sich plötzlich in Dienst nehmen lassen und sein Leben verstehen als Dienst am Glück des anderen. Ich denke da an Brüder, denen gesagt wurde, in der Schule etwa oder in einem fernen Land fehle es in einer Kirchengemeinde oder in einer Krankenstation an Kräften. Sie ließen sich auf diese Anfrage ein und stellten dafür persönliche Planungen hintan. Die meisten erzählen dankbar davon, weil sie auf diese Weise Seiten an sich entdecken konnten, die sonst nie zum Tragen gekommen wären.

Wer sich so einspannen lässt, wie sich der Regeltext des Franziskus in den kirchlichen Rahmen einspannen lässt, wird nicht zu kurz kommen. Das egomanische Credo unserer Tage: »Wenn jeder an sich selbst denkt, ist auch an jeden gedacht!«, wird durch die angstfreie Zugewandtheit zur Gemeinschaft der Menschen, wie sündhaft sie auch sein mögen, fröhlich durchkreuzt. Mögen andere doch an sich selbst sterben wollen, der franziskanische Geist stirbt lieber in der Hingabe an ein Du.

Auf Erden dem Himmel trauen
Freiraum zwischen sich und der Gemeinschaft
wahrnehmen

Kapitel 1
Im Namen des Herrn!
Es beginnt die Lebensweise der Minderen Brüder:
*1 Regel und Leben der Minderen Brüder ist dieses, näm-
lich unseres Herrn Jesu Christi heiliges Evangelium zu
beobachten durch ein Leben in Gehorsam, ohne Eigentum und in Keuschheit.*
*2 Bruder Franziskus verspricht Gehorsam und Ehrerbie-
tung dem Herrn Papst Honorius und seinen rechtmäßi-
gen Nachfolgern sowie der Römischen Kirche.*
*3 Und die anderen Brüder sollen verpflichtet sein, dem
Bruder Franziskus und dessen Nachfolgern zu gehorchen.*

An Franziskus von Assisi fasziniert besonders seine
unverkrampfte Fröhlichkeit. Sie hat nicht im Gerings-
ten mit dem Spaß zu tun, nach dem sich heute
manche buchstäblich zu Tode suchen. Der Arme aus
Assisi hatte offensichtlich zu einer Haltung gefunden,
die ihn in seinem Innersten einen Reichtum entdecken
ließ, der ihn fast völlig unempfindlich machte gegenüber allem, was sich Menschen sonst so an Zielen vor
Augen stellen.

Die unbeschreibliche Gelassenheit des Poverello
schwingt in den ersten Worten des ersten Kapitels
der Regel mit: »Es beginnt die Lebensweise ....« Man
meint fast den heiligen Ernst zu spüren, der in diesen
Worten liegt. Die Regel soll nicht Regulierung sein, sondern Beschreibung einer Lebensweise, die von Franziskus und den Brüdern längst geübt wird. Sie ist eher

eine Urkunde darüber, wie sich die Brüder verstanden haben am Anfang ihres Weges, denn ein Gesetzeswerk, an das sich nachfolgende Generationen halten sollen. Zwar wird bald ein erbitterter Streit aufkommen über das rechte Regelverständnis. Sogar Päpste werden sich zu Erklärern der Regel aufschwingen. Die ersten Worte jedoch mahnen, sich darin zurückzuhalten. An anderer Stelle wird der Heilige aus Assisi ein Schriftwort zitieren: »Der Buchstabe tötet, der Geist aber macht lebendig.« (2 Kor 3,6) Es geht Franziskus um die Bewahrung der Freiheit, die er in seiner Begegnung mit Gott empfangen hat. Sie ist am besten zu beschreiben als ein Freiwerden von allen Bindungen vergänglicher Formen, von Riten oder Worten und ein Freiwerden für ein vielfaches Beziehungsabenteuer, in dem alles gefordert und mehr als alles empfangen wird.

Lange hatte sich der Kaufmannssohn festgemacht an Geld und Ehre, stark befördert von seinem ehrgeizigen Vater. Die Religiosität hatte er wie so viele Christen seiner Zeit (und wohl vieler Zeiten nach ihm) eher im Vorbeigehen aufgenommen. Man wusste, was man zu machen hatte, man kannte die Zeichen der Kirche, mehr aber auch nicht. Als er – kaum sechzehnjährig – im Krieg zwischen Assisi und Perugia verwundet und gefangen wird, erweisen sich für ihn einst feste Haltepunkte als sehr brüchig. Es treibt ihn immer mehr hinaus an einsame Orte. Was er alles haben könnte, schmeckt ihm nicht mehr. Wozu hoch hinaus, wenn doch alles vergänglich ist? Schließlich trifft er bei einem Ausritt einen Aussätzigen. Statt ihn wie sonst angewidert links liegen zu lassen, ist er offensichtlich nun bereit zu einer Alternative im Handeln. Er hält an, hoch zu Ross noch, steigt hinunter und küsst den Aussätzigen. Höchstes Glück durchströmt ihn. Süßigkeit nennt er es in seinem Testament. Was ihm bitter erschienen war bis dahin, nämlich ganz unten sein zu müssen, wandelt sich ihm in die Freiheit, unten sein zu dürfen. Er findet im stinkenden Aussätzigen den Himmel auf Erden. Es erschließt sich ihm, wer Gott ist und was Glück bedeutet: Leben, in dem es keine Angst gibt, sondern eine Gemeinschaft ohne Grenzen, mit einer Teilhabe aller an den Gütern, die der Schöpfer für alle bereithält. Vor dem Kreuz in der Kirche von San Damiano wird es ihm unmittelbar einleuchten: Der Nackte, der dort hängt, will nicht beherrschen, sondern lädt ein, an seiner Herrschaft teilzuhaben. Für Franziskus wird aus dem bis dahin toten Symbol ein sprechendes Zeichen für eine Wirklichkeit, die ihn in dem Augenblick aufbaut, in der er sie in sein Leben einlässt.

Sie gibt Kraft, dem Vertrauen mehr zuzutrauen als dem Misstrauen. Sie öffnet die Augen für das Leid in der Welt und treibt dazu an, den Leidenden zu begegnen. Sie sensibilisiert für die eigenen Kräfte und die eigenen Schwächen und bejaht den je eigenen Weg, damit zum Wohl der Mitmenschen zu wirken. Zweimal kommt im ersten Kapitel der Regel vor, wie sich Franziskus und seine Nachfolger nennen: »Mindere Brüder«. Sie sind beseelt vom Glück der einfachen Wahrheit, dass es in Gott keine Oberen gibt, keine Prälaten und keine Fürsten und andere Herren. So wollen auch sie selbst nie etwas Besseres sein. Und aufgrund ihrer Lebensentscheidung können sie auch nicht erkennen, dass andere etwas Besseres sind als sie selbst. Wenn sie sich Mindere Brüder nennen, ist dies kein Understatement, sondern Folge ihrer Begegnung mit dem »Allerhöchsten«, wie Franziskus Gott nennt und schon auf diese Weise klarmacht, dass vor ihm jeder ein Minderer ist.

Franziskus kann auch schon deshalb keine Regel schreiben. Er kann nur die Lebensweise beschreiben, die aus der Erfahrung folgt, die er und seine Brüder mit Gott gemacht haben. Dreimal kommt im ersten Kapitel der Regel das Wort »Leben« vor, wie auch dreimal das Wort »Gehorsam« vorkommt. Nimmt man noch hinzu, dass die »Beobachtung« des Evangeliums »unseres Herrn Jesus Christus« nichts anderes meint als das beständige Gespräch mit dem Herrn des Evangeliums, wird deutlich, dass es für den Erneuerer des gesamten kirchlichen Lebens damals kein Leben gibt ohne eine dauerhafte Öffnung des einen auf den anderen hin. Die Betonung liegt hier auf der Dauerhaftigkeit der Offenheit, die auch dann nicht »zu«-macht, wenn Sünde, Kränkung und andere Folgen radikalen Offenbleibens für den Nächsten dem eigenen Herzen zusetzen. Wir müssen uns Franziskus in der Stunde seiner Berufung vergegenwärtigen. Die Offenheit des Gekreuzigten von San Damiano gibt ihm den Impuls, Bruder aller Menschen zu werden wie der Erlöser selbst. So ist es nicht verwunderlich, dass er nicht nur vom Evangelium im ersten Vers seiner Regel spricht. Als würde er die Gefahr wittern, die von einer ständigen Interpretation der Texte des Evangeliums ausgeht, stellt er klar, wer Ursprung und Ziel des Evangeliums ist: unser Herr Jesus Christus. Es geht hier um eine Lebensweise, die, so könnte man sagen, einen Lebenden, der unsichtbar gegenwärtig ist, sichtbar macht. Leben und Regel der Minderen Brüder sind die Verlebendigung des Lebens selbst, dessen »Grammatik« Gott in Jesus Christus unüberbietbar menschlich durchbuchstabiert hat.

Wer sich diesem Lebendigen anvertraut, findet zu den einfachen Grundtugenden des Lebens. Die evangelischen Räte des Gehorsams, des Lebens ohne Eigentum und in Keuschheit sind Folge dieser engen Verbindung mit Jesus Christus. Was für die Minderen Brüder im Speziellen gilt, hat auch Bedeutung für alle Christen. Wer zu glauben vermag, dass Gott in Jesus Christus die Sehnsucht des Menschen nach Glück durch eine beständige Verbindung mit dem ewigen Leben in Fülle beantwortet, wird den drei Grundkräften des Lebens eine neue Ordnung geben. Macht bedeutet dann, den Menschen und der ganzen Schöpfung gehorsam zu dienen. Besitz ist dann verantwortlicher Umgang mit dem, was Gott dem Einzelnen anvertraut hat, damit er es allen zu Diensten einsetzt. Sexualität und Erotik werden zu Wegen, die dem Ziel dienen, die Vereinigung Gottes mit seiner ganzen Schöpfung entweder dauerhaft zu erwarten im Ordensleben oder dauerhaft im Rahmen der Ehe zu pflegen. Erfüllung ist von allen dreien nicht zu erwarten. Sie sind Grundkräfte im Dienst an der Hoffnung auf Erfüllung durch Gott.

Das einfache Vertrauen in die Wirklichkeit umfasst für Franziskus auch die Kirche in ihrer konkreten Lebensweise, wie sie von Papst und Kurie in Rom und allen Bischöfen und Priestern und Diakonen verwirklicht wird. Sosehr sich der »neue Arme« auf die persönliche Inspiration durch den Heiligen Geist berufen kann, so sehr führt ihn die gewonnene Beziehung zu Jesus Christus in den Rahmen der Kirche. Davon war schon weiter oben die Rede und es soll hier nicht weiter ausgeführt werden. Worauf aber verwiesen werden muss, ist die persönliche Beziehung, die in einem Regeltext fast überrascht. »Bruder Franziskus« verspricht »dem Herrn Papst« Gehorsam und Ehrerbietung. Kein geringes Selbstbewusstsein! Die Erzählung vom Traum des Innozenz III., in dem Franziskus allein die einstürzende Papstkirche, den Lateranpalast, stützt, weist in die gleiche Richtung. Wir sehen hier ein weiteres Zeugnis dafür, wie sehr es dem Neubekehrten darum geht, seine »face to face«-Erfahrung mit Christus in seiner Beziehung zur Kirche weiter zu leben. Man sieht ihn schützend vor seinen Brüdern stehen, um sie einerseits dem direkten Zugriff der Kirche zu entziehen und andererseits ihre Schwachheit, die Franziskus schon kommen sah, vor der Kirche zu verbergen: Denn es geht hier nicht wie in einem Verein um Menschen, die sich in der Kirche zusammentun oder in der Gemeinschaft der Brüder. »Der Herr hat mir Brüder gegeben«, wird der Kleine aus Assisi in seinem Testament schreiben. Im Blick auf die Regel müssen wir ergänzen: »Und mich hat er der Kirche gegeben.«

Indem sich Franziskus zwischen den »Herrn Papst« und seine Brüder stellt, kommt ein Freiraum in die franziskanische Bewegung, die ihr bis heute Kraft und Fantasie verleiht. Die Brüder sollen Franziskus und dessen Nachfolgern gehorchen, will sagen, sie sollen sich damit geradezu begnügen, ihre ursprüngliche Berufung zum Leben der Minderen Brüder zu verwirklichen, nämlich das Evangelium unseres Herrn Jesus Christus zu beobachten. Den Bezug zur Kirche stellt ein Generalminister her, das soll und muss genügen. Alle anderen sollen sich im brüderlichen Leben lieber um die Beziehung zueinander und zu ihren Mitmenschen kümmern, um so dem Evangelium die Ehre zu geben.

Eine solche Einstellung wirkt entlastend. Sosehr es stimmt, dass Evangelium und Kirche einander bedingen, so sehr ist klar, was in der Mitte des Interesses stehen muss. Gerade jene, die unter »der Kirche« leiden, finden in der Regel des Franziskus den Freiraum einer verbindenden Distanzierung: Verbindend, weil er die konkrete Verbundenheit mit der Kirche abgeben kann an einen Oberen, einen Pfarrer, einen Priester oder Diakon; deren Dienst und Verantwortung darf man ruhig in Anspruch nehmen. Oder anders gesagt: Ich bin als Christ nicht für die ganze Kirche verantwortlich; dafür gibt es Zuständige, denen ich das ruhig zutrauen darf. Andererseits ruht die Last der Verantwortung für gelebtes Evangelium ganz auf mir selbst. Die Sünde der anderen darf keine Entschuldigung dafür sein, dass ich eben auch sündige. Franziskus stellt die Vollmacht des Christen wieder her, ein Berufener des Herrn selbst zu sein. Vor dem Kreuz von San Damiano baute ihn die Erkenntnis der wahren Liebe auf: Dass Jesus die Menschen, jeden Einzelnen und damit auch den, der da vor dem Kreuz ist, von aller Schuld entlastet und zu einem verantwortlichen Baustein im Lebenshaus der Welt macht, mit allen Rechten und Pflichten. Erst einige Jahrzehnte nach der Bekehrung, als der Heilige schon längst gestorben war, schmückten Biografen diese Szene so aus, als habe Franziskus eine Stimme gehört, die gesprochen habe »Geh, und stell mein Haus wieder her!«, und es auf den Kirchenbau und dann auf die gesamte Kirche bezogen. Wahrscheinlicher ist, dass Franziskus die Armut des nackten Gottessohnes am Kreuz unmittelbar erfahren hat als mächtiges Wort des auferstandenen Menschensohnes, der über die Sünde der Welt gesiegt hat. Dieser Sieg bedeutet Entlastung und Verpflichtung zugleich. Entlastung: Die Welt ist schon im Glück. Wir brauchen »nur« noch dem glücklichen Erlöser nachzufolgen. Verpflichtung: Seine »Vorarbeit« ist eine dringende Verpflichtung, vom Blick auf ihn zum Blick auf das eigene Leben und auf die Mitmenschen und die ganze Schöpfung zu gelangen. Und derart fasziniert auch an der Kirche mitzuwirken und sie von unten her mit aufzubauen allein aus dem Bewusstsein: Der Herr hat mir gegeben! Und nicht: Der Pfarrer hat mich besucht. Oder: Der Papst gefällt mir.

So einfach ist das.

Den Lebensmittelpunkt neu verorten
Entscheidungen zu Gunsten des Lebens treffen

Kapitel 2
Von denen, die dieses Leben annehmen wollen und wie sie aufgenommen werden sollen

1 *Die etwa dieses Leben annehmen wollen und zu unseren Brüdern kommen, sollen von ihnen zu ihren Provinzialministern geschickt werden; diesen allein und sonst niemand sei die Befugnis zugestanden, Brüder aufzunehmen.*

2 *Die Minister aber sollen sie sorgfältig über den katholischen Glauben und die Sakramente der Kirche prüfen.*

3 *Und wenn sie dies alles glauben und es treu bekennen und bis ans Ende unverbrüchlich daran festhalten wollen;*

4 *und wenn sie keine Ehefrauen haben oder ihre Frauen – falls sie eine haben – auch schon in ein Kloster eingetreten sind oder ihnen nach Ablegung des Gelübdes der Enthaltsamkeit mit Ermächtigung des Diözesanbischofs Erlaubnis gegeben haben; und wenn ihre Frauen solchen Alters sind, dass kein Argwohn über sie entstehen kann,*

5 *dann sollen sie [die Minister] ihnen das Wort des heiligen Evangeliums (vgl. Mt 19,21 par.) sagen, dass sie hingehen und all das Ihrige verkaufen und Sorge tragen, es unter die Armen zu verteilen.*

6 *Wenn sie das nicht tun können, genügt ihnen der gute Wille.*

7 *Und die Brüder und ihre Minister sollen sich hüten, sich um deren zeitliche Habe zu kümmern, damit sie unbehindert mit ihrer Habe tun können, was der Herr ihnen eingeben mag.*

8 *Wenn jedoch um Rat ersucht wird, soll es den Ministern erlaubt sein, sie an gottesfürchtige Leute zu ver-*

weisen, nach deren Rat ihre Güter an die Armen verteilt werden mögen.

9 Hernach sollen sie ihnen die Kleidung für die Probezeit gewähren, nämlich zwei Habite ohne Kapuze und einen Gürtelstrick und Hosen und einen Kaparon bis zum Gürtel,

10 falls nicht den erwähnten Ministern einmal etwas anderes vor Gott entsprechend scheinen sollte.

11 Ist aber das Probejahr beendet, sollen sie zum Gehorsam angenommen werden, indem sie versprechen, dieses Leben und diese Regel immer zu befolgen.

12 Und gemäß der Anordnung des Herrn Papstes soll ihnen unter keinen Umständen erlaubt sein, aus diesem Orden auszutreten,

13 weil nach dem heiligen Evangelium »niemand, der die Hand an den Pflug legt und rückwärts schaut, zum Reiche Gottes tauglich ist« (Lk 9,62).

14 Und jene, die den Gehorsam schon versprochen haben, sollen einen Habit mit Kapuze und, falls sie ihn haben wollen, einen anderen ohne Kapuze haben.

15 Und die durch Not gezwungen sind, können Schuhwerk tragen.

16 Und alle Brüder sollen geringwertige Kleidung tragen und sollen sie mit grobem Tuch und anderen Tuchstücken verstärken können mit Gottes Segen.

17 Ich warne und ermahne sie, jene Leute nicht zu verachten, noch zu verurteilen, die sie weiche und farbenfrohe Kleider tragen (vgl. Mt 11,8) und sich auserlesener Speisen und Getränke bedienen sehen, sondern vielmehr soll jeder sich selbst verurteilen und verachten.

Am meisten überrascht an der Ordensregel des Heiligen Franziskus, dass es nicht um Regeln geht. Es geht um die Einwilligung in einen Beziehungsweg.

Am Anfang die Beziehung zu Gott und Jesus Christus und seinen glaubwürdigen Zeugen. Von ihnen aus zur Kirche und dort dann zu einer konkreten Gruppe von Menschen, deren Leben man annehmen will. Denn andere gibt es nicht.

Von vornherein wird allen Idealisten eine Abfuhr erteilt, die mit ihren hehren Vorstellungen von einem idealen Leben nach dem Evangelium zu den Brüdern kommen und deren Leben dann ständig an diesen eigenen Vorstellungen messen. Wer zu den Brüdern stößt, kommt aber auch nicht, um alle eigene Erfahrung zu vergessen und allein deren geschriebene oder ungeschriebene Gesetze zu übernehmen. Er kommt schlicht und einfach als er selbst zu ihnen selbst.

Der ehemals erfolgreiche »Jugendkönig« seiner Stadt, zu dem alle aufgeschaut hatten, schiebt hier dem einen Riegel vor, was wohl am meisten daran hindert, eine humane Gemeinschaft aufzubauen und deren Abbild im Kleinen: etwa eine gute Nachbarschaft oder einen florierenden Verein. Es sind die Vorstellungen von dem, wie man selbst oder, deutlicher noch, wie der andere oder die andere oder gar alle anderen sein sollen. Das Ergebnis ist in jedem Fall eine hohe Unzufriedenheit. Der Totschlagsatz »Es klappt nicht zwischen uns!« drückt das in aller wünschenswerten Deutlichkeit aus: Hier ist der Blick vom anderen abgewandt auf das, was dazwischen ist. Hier ist eine Vorstellung im Spiel, wie der andere zu sein hat in meinem oder unserem Plan. Hier ist keine Bereitschaft, sich durch den Blick in die Augen und das Leben des anderen oder der anderen verwandeln zu lassen. Hier ist das, was in der Bibel schlicht Herzensverhärtung genannt wird, getreu dem Motto: Ich will mich ja gern einlassen, aber nur so, wie ich mir das gedacht habe. Oder wie ich es mir idealerweise vorgestellt habe. Da aber die anderen (Gott sei Dank!) nie so sind, wie ich sie gerne hätte, muss das Ganze im Frust enden. In der Trennung. In der Einsamkeit, deren furchtbarstes Bild die Hölle ist.

Glücklich, wer sich da auf das Leben der anderen einlassen kann. Eine neue Gruppe, ein Verein oder eine Kirchengemeinde atmet den Geist der Tradition. Sie hat ein eigenes Leben und pflegt Werte, wenn auch nicht immer so, dass sie leicht zu entdecken sind. Wer nach einem Umzug mit Blick auf das Gestern Formen von damals im Heute sucht, wird notwendigerweise Schiffbruch erleiden. Wer eine Partnerschaft eingeht und meint, darin würde sich erfüllen, was man selbst von einer Partnerschaft denkt, kann darin nicht glücklich werden. Wir lernen mit der Franziskusregel, dass es darum geht, ein Leben annehmen zu wollen, das einen an Menschen bindet und mit diesen Menschen einen Wandlungsweg gehen lässt. Wer einfach glücklich werden will, muss seinen Lebensmittelpunkt neu verorten, wenn er zu neuen Schritten angesetzt hat. Zu einer Entscheidung gehört eine gute Scheidung von bisher gewohnten Beziehungen. Viele werden nicht glücklich, weil sie es versäumt haben, sich von Freunden, Geschwistern oder Eltern zu verabschieden, als man sich für ein Leben an einem anderen Ort mit einem anderen Menschen oder in einer Gemeinschaft von Menschen entschieden hat. Es ist geradezu ein Ausdruck von Wertschätzung, wenn man klarmacht: So werde ich die Beziehung zu Euch nicht mehr pflegen. Aber ich würde es gern so versuchen. Oder was meint Ihr dazu?

Der Weg zur Annahme des neuen Lebens ist nach der franziskanischen Ordensregel klar strukturiert. Vielen Gemeinschaften würde es guttun, wenn sie so klar die Ansprechpartner benannt hätten, die für die Neuen zuständig sind. Es macht eine Gruppe gleich attraktiver, wenn sich nicht alle auf einen stürzen, sondern wenn man freundlich zu denen geführt wird, die den Auftrag für die Aufnahme haben. Eine Gemeinschaft braucht solche Gesichter, die sich den Neuen zuwenden. In den Pfarrgemeinden werden mittlerweile von Beauftragten Begrüßungsbesuche für Neuzugezogene durchgeführt. In Vereinsvorständen wird festgelegt, wer jene betreut, die neu aufgenommen werden. Man kann sich dies auch für eine Nachbarschaft oder Hausgemeinschaft vorstellen, weil sonst die Neuen leicht außen vor bleiben, weil jeder sich »vornehm« zurückhält und nicht »aufdringlich« sein will. Oft braucht es nur einmal eine Haus- oder Nachbarschaftsversammlung, um über solche Zuständigkeiten zu sprechen. Sie wären ein echter Beitrag gegen die Anonymität in der Gesellschaft, unter der so viele leiden, die aus ganz anderen Gründen als denen, die hier in der Franziskusregel angesprochen sind, ein neues Leben beginnen müssen.

Doch wieder zurück zur Aufnahme von denen, die das Leben der Minderen Brüder annehmen wollen. Das Sprechen mit den »Neuen« soll unter einem weiten Horizont stehen. Es geht nicht darum, ob der Anfragende zur Gemeinschaft passt. Das wird auch schwer zu prüfen sein, da sich die Gemeinschaft ja ständig ändert, eben durch jene, die neu hinzukommen. Es geht vielmehr darum, ob der Anfragende die Glaubenserfahrung und -überzeugung der katholischen Kirche teilt, die in den Sakramenten den Gläubigen »den Allerhöchsten selbst« austeilt. So wichtig dies auch ist, in der Regel erscheint dies wie auch die Frage nach der Freiheit von partnerschaftlichen Verpflichtungen wie ein Vorgespräch. Daran schließt sich die grundlegende Übung an, in der sich erweisen soll, wie sehr der Kandidat das

Leben der Brüder und damit auch ihr Projekt, das Evangelium zu beobachten, annehmen will.

Charakteristisch für die franziskanische Spiritualität ist die Freiheit, mit der dann beschrieben wird, wie der Kandidat zwar »soll«, dies aber nur, wenn er »kann«, und dass sich dabei auf keinen Fall einer einmischen soll. Es ist ein ergebnisoffener Prozess, in den der Kandidat geschickt wird. Was ihm darin aufgeht, ist seine Sache und die des Herrn seiner ganzen Lebensgeschichte. Das Wort des Evangeliums, das Franziskus am Anfang seines Berufungsweges getroffen hatte, sollen die Minister zwar sagen, es soll aber bewirken, was es will (vgl. Jes 55,11) – ohne jede Einmischung seitens der anderen, höchstens mit deren vorsichtiger Assistenz.

Man kann sich gar nicht genug vor Augen stellen, welchen Reifegrad Franziskus hier voraussetzt – bei den Bewerbern wie bei den aufnehmenden Ministern. Er geht von ganz und gar erwachsenen Menschen aus, die sich weder konturenlos an andere heranwerfen beziehungsweise ihnen nach dem Mund reden noch starrsinnig nur sehen, was ihnen selbst nützlich ist. Es ist der entschiedene Mittelweg der Balance, die einen losreißt von kurzsichtigen und selbstsüchtigen Glücksprojekten. Er führt letztlich zu dem Glück, frei in jener Bindung zu leben, die man weniger selbst gewählt als vielmehr angenommen hat, als das von einem selbst und anderen entdeckte Projekt Gottes mit dem eigenen Leben.

Da wundert es kaum noch, dass in den nachfolgenden Regelsätzen immer wieder von Ausnahmen von der Regel die Rede ist. Im Zentrum steht eben nicht eine Ansammlung von Vorschriften, die zu beachten sind. Es geht um das Projekt, das Gott in denen angelegt hat, die dem Evangelium in ihrem Leben nachgehen wollen, oder besser, die das Leben des Herrn Jesus Christus, des Herrn des Evangeliums, so sehr leben wollen, als seien sie ihm aufs Engste verwandt. So persönlich muss man es wohl denken, wenn man erahnen will, was es heißt, dass es am Ende des Einführungsweges um das Versprechen geht, »dieses Leben und diese Regel« zu halten. Es geht um die Reinheit der Beziehung zu dem Lebendigsten schlechthin. Für diese Art des Ordenslebens gilt deshalb auch nicht der Ausdruck, man trete dafür in ein Kloster ein. Die Aufnahme in den franziskanischen Bruderkreis wird bezeichnet als Annahme »zum Gehorsam«, gemeint zuerst als Einwilligung, den eigenen Willen immer dem Willen des lebendigsten Herrn, Jesus nämlich, zu unterwerfen. Es geht nicht um das Leben hinter einer Mauer in einem klar abgegrenzten Bezirk der Klausur, sondern um eine Gemeinschaft, deren Schutzmauer es ist, aus Gottgehorsamen zu bestehen, die das Evangelium verlebendigen wollen in konkreter Bruderschaft miteinander und mit allen Menschen.

Es kommt auf die Verwandlung an, die einer zulässt, wenn er das Leben der Minderen Brüder annimmt. Und es kommt darauf an, wie sehr sie sich verwandeln lassen durch das »Projekt Gottes«, das mit dem Eintritt des Neuen nun zu ihrer Gemeinschaft hinzutritt. Jeder soll vor allem damit beschäftigt sein, dem Evangelium vollkommen zu gehorchen und mit den Brüdern zum lebendigen Evangelium zu werden. Davon sind alle – so wäre das Ideal – so sehr erfüllt, dass niemandem einfällt, auf andere neidisch zu werden. Wer sich festmacht in einem Beziehungsnetz von Gleichen, wird von den gesellschaftlichen Statussymbolen »farbenfroher Kleider« oder »erlesener Speisen« nicht abgelenkt von dem Projekt, für eine brüderliche Gemeinschaft aller Menschen zu werben. Dass der letzte Satz eindringlich warnt, weist darauf hin, wie sehr dieses Ideal schon im Anfang der franziskanischen Bewegung bedroht war.

Wer das Glück einfachen Lebens genießen will, der sollte sich aktiv den Ort oder die Lebensform suchen, in der er in Frieden leben kann. Damit das gelingt, sollte man sich den Veränderungen im Leben nicht mit den eigenen Vorlieben entgegenstellen oder gar den eigenen Vorstellungen darüber, wie es in der Regel (!) zu sein hat im Leben. Dabei hilft, ein entschiedenes Verhältnis zu dem zu bekommen, was einem von Geburt an bestimmt ist. Den Menschen hier und jetzt für mich etwas zutrauen. Reife Anerkennung Gottes als einen, der es immer anders mit mir und den Menschen versucht, als ich es gerade auf dem Plan habe.

So einfach ist das.

Eine Ordnung akzeptieren

Mit Gott, sich selbst und den Mitmenschen
gute Ausdrucksformen finden

Kapitel 3
Vom Göttlichen Offizium und vom Fasten und wie die Brüder durch die Welt ziehen sollen

1 *Die Kleriker sollen das Göttliche Offizium nach der Anordnung der heiligen Kirche von Rom verrichten, den Psalter ausgenommen;*

2 *darum dürfen sie Breviere haben.*

3 *Die Laien aber sollen vierundzwanzig Vaterunser beten für die Matutin, für die Laudes fünf, für Prim, Terz, Sext, Non, für jede dieser Horen sieben, für die Vesper aber zwölf, für die Komplet sieben;*

4 *und sie sollen für die Verstorbenen beten.*

5 *Und sie sollen fasten vom Feste Allerheiligen bis zur Geburt des Herrn.*

6 *Die heilige vierzigtägige Fastenzeit aber, die von Epiphanie an ohne Unterbrechung vierzig Tage dauert und die der Herr durch sein heiliges Fasten geweiht hat (vgl. Mt 4,2), die sie freiwillig fasten, sollen vom Herrn gesegnet sein; und die nicht wollen, sollen nicht verpflichtet sein.*

7 *Die andere Fastenzeit aber bis zur Auferstehung des Herrn sollen sie halten.*

8 *Zu anderen Zeiten aber sollen sie nicht zum Fasten gehalten sein, außer am Freitag.*

9 *Jedoch zur Zeit offensichtlicher Not sollen die Brüder zu leiblichem Fasten nicht gehalten sein.*

10 *Ich rate aber meinen Brüdern, warne und ermahne sie im Herrn Jesus Christus, sie sollen, wenn sie durch die Welt gehen, nicht streiten, noch sich in Wortgezänk einlassen (vgl. 2 Tim 2,14), noch andere richten.*

11 Vielmehr sollen sie milde, friedfertig und bescheiden, sanftmütig und demütig sein und anständig reden mit allen, wie es sich gehört.

12 Und sie dürfen nicht reiten, falls sie nicht durch offenbare Not oder Schwäche gezwungen werden.

13 Kommen sie in ein Haus, sollen sie zuerst sagen: »Friede diesem Hause.« (Vgl. Lk 10,5)

14 Und nach dem heiligen Evangelium soll es erlaubt sein, von allen Speisen zu essen, die ihnen vorgesetzt werden. (Vgl. Lk 10,8)

Im dritten Regelkapitel spricht Franziskus über die gemeinschaftlichen Formen der Frömmigkeit, über eine spezielle Weise des Umgangs mit sich selbst auf dem Weg zu Gott und über das Verhalten zu den Mitmenschen. Das Wichtigste in diesem Text sind die Ausnahmen von der Regel, wie wir sie auch schon im zweiten Kapitel gelesen haben. Da scheint hindurch, was hier wie selbstverständlich vorausgesetzt wird. Die Hauptsache ist begriffen: Gott ist unser alles und in allem zu finden. Deshalb müssen wir eigentlich nichts. Aber wir wollen uns in diesem oder jenem vereinbaren, da wir ja »durch die Welt ziehen«.

Solche konkreten Äußerungsformen müssen zu allen Zeiten neu gefunden und besprochen werden. Sie gehen davon aus, dass einfach zu leben nicht ein Weniger, sondern ein Mehr an Leben bedeutet. Armut, Fasten und Buße als typisch franziskanische Begriffe verbergen mit ihrem negativen Beigeschmack die erleichterte Fröhlichkeit, die sich von Franziskus auf seine Zeitgenossen übertrug. Natürlich gehört die Anstrengung des Trainings zum Weg in die franziskanische Einfachheit. Doch auch das einfache Leben ist an sich nicht das Ziel, das es zu erstreben gilt. Tut man es dennoch, wird daraus leicht ein Krampf. Man wird kleinlich mit sich selbst. Anstatt zu wachsen und zu reifen, wird man eng und in der Folge ängstlich bis hin zu einer Unzufriedenheit mit sich und vor allem mit den anderen. Hier darf ruhig noch einmal der letzte Satz des zweiten Kapitels der Regel nachklingen. Er beschwört eine Haltung, in der es keinen verächtlichen Blick mehr gibt, weil man selbst so sehr im Glück ist, das einem kein Spielraum bleibt für Versuche, im Leben der anderen Besseres zu entdecken, als man selbst gefunden hat. Wenn man es gefunden hat.

Wie aber kann man sich diese Haltung bewahren? Der Neue Mensch, wie Franziskus auch genannt wird, drängt in seiner Regel die Brüder dazu, sich eine Ordnung zu geben. Man muss sich dafür vorstellen, dass die ersten Bruderschaften kein Kloster hatten, das den Rahmen vorgab mit einem traditionellen Ablauf während eines Tages. Statuen und Gemälde wie die gesamte Architektur verkünden den Mönchen unablässig, zu wessen Ehre sie das Leben im Kloster gewählt haben. Die Höhe des Kirchenraums und die Breite des Kreuzgangs etwa lädt den Mönch dazu ein, das eigene Herz in Gesängen und Gebeten in der Gemeinschaft der Mönche zu weiten und sich tagtäglich hinaufzuschwingen zu Gott. Die franziskanische Bruderschaft sammelt sich in einer anderen Art des Ordenslebens. Es ging von Franziskus auf sie über. Ihm war aufgegangen, dass Gott sich tagtäglich hinunterschwingt in die Niederungen seiner Schöpfung und durch diese Herablassung Tag für Tag alles zum Klingen bringt.

Deswegen kann ein Mysterienspiel aus der franziskanischen Urzeit die Brüder der Herrin Armut, die die Brüder besuchen kommt, die ganze Umgebung von einem Hügel aus zeigen lassen mit den Worten: »Dies ist unser Kloster, Herrin!« Man spürt geradezu, wie sie gar nicht anders können, als möglichst wenig ihr Eigen zu nennen, damit ihnen der Blick auf das alles nicht verstellt wird. Es geht um die Bewahrung der Empfänglichkeit für den Reichtum Gottes, der einem in allem entgegenkommt. Nichts besitzen zu wollen ist deswegen keine asketische Leistung, sondern die Folge der erschütternden Erkenntnis, dass alles voll von Gott ist. Alles wird von ihm im besten Sinne des Wortes besessen, ist Thronsitz seiner Herrlichkeit, aus der uns beständig sein göttliches *Du* anspricht. Wer wollte sich, der das erkannt hat, daran vergreifen, um damit sein *Ich* glänzen zu lassen?

Wenn somit die ganze Welt »unser Kloster« ist, lässt es sich, wo immer man lebt, einfach gut leben. Mit »Buon giorno, buona gente!« (»Guten Tag, ihr guten Leute!«) begrüßten die Brüder alle, die sie unterwegs antrafen, und erinnerten sie so daran, dass alles gut geschaffen ist vom Schöpfer des Lebens. Und wer sich so erinnern und dies in sich wirken lässt, wie kann er da anderes wünschen, als gut zu sein?

Eine solche Freiheit ist freilich ohne den Glauben an die ständige Herablassung Gottes in seine Schöpfung hinein schlicht unvorstellbar. Diese fand ihren Tiefpunkt, der gleichzeitig Höhepunkt war, in der Menschwerdung Gottes selbst, dieses Unverständlichste an der christlichen Rede von Gott. Franziskus greift begierig die Krippendarstellungen seiner Zeit auf und feuert die Brüder an, die Eucharistie heilig zu halten: Hier wird in heiligen Zeichen auf den Punkt gebracht, was ihn zu einem einfachen Menschen mehr verwandelte, als dass er selbst es leistete – einer zu sein, der nichts anderes sein will als ein täglich Empfangsbereiter, dessen Schale des Lebens mit keinem nutzlosen Zeug am Klingen behindert werden soll. Dies Armut zu nennen ist fast irreführend. Lieber will man es Sich-reich-Bewahren nennen. Denn arm scheinen in dieser Sicht eher jene, die mit allerlei vergänglichen materiellen Dingen oder hochgestochenen Theorien, die morgen schon falsch sein können, sich selbst krampfhaft Bedeutung verleihen wollen und dabei übersehen, dass sie nur den einlassen müssten, der ihnen unvergängliche Bedeutung verleihen will.

Dies glauben zu können, war Franziskus in einer Weise geschenkt, die viele inspirierte, ihm nachzugehen, mehr noch: ihm zu dem Glauben hin zu folgen, der ihm aufgegangen war. Seine Entdeckung war nicht seine eigene im Sinne einer Sondererkenntnis. Was er entdeckte, ließ er ohne lange Erklärung Tat werden: Er spürte und erkannte, wie Gott sich beständig auf den Menschen hin öffnet, sich seinen Menschenkindern mitteilt. Wie konnte er da anders, als sich seinerseits buchstäblich im Vertrauen Gottes zu öffnen für die Brüder, die ihm der Herr daraufhin gab, und für »die Leute«, die darüber staunten, dass der ehemals nur für sich sorgende und anderen gegenüber eher misstrauische Kaufmannssohn in ihnen nur noch mit dem Guten rechnete.

Wir müssen uns Franziskus und seine Brüder in einer einfachen Freiheit vorstellen. Ihnen hat nichts gefehlt, weil sie in der Schöpfung und in den Mitmenschen Gottes tägliches Entgegenkommen erkannten. Sie öffneten sich radikal für diese alle Wirklichkeiten übersteigende Wirklichkeit, die jede Grenze von Raum und Zeit übersteigt und die in der Bindung an diese Wirklichkeit aller Wirklichkeiten eine Freiheit schenkt, in der es kein Muss mehr gibt, sondern nur noch ein Wollen im Hier und Jetzt: Ihm, dem Allerhöchsten, in allem zu dienen.

Aus dieser Sicht ist das dritte Kapitel der franziskanischen Ordensregel eher ein Ruf, bei aller Freiheit ein Minimum an Ordnung und Absprache zu leben. Es geht weniger um das Auferlegen einer Pflicht, sondern mehr um die Angabe, was man bei aller Freiheit doch mindestens noch beachten möge, weil man sich schließlich im Rahmen dieser Welt bewegt. Das Leben nach der Form des heiligen Evangeliums, von dem im ersten Kapitel die Rede ist, gründet sich nicht in Vorschriften, sondern in der einfachen Glaubensüberzeugung, dass man in Christus eine neue Schöpfung ist – jedoch inmitten der alten Schöpfung. Und in ihr wollen Raum und Zeit mit all ihrem Chaos geordnet sein. Das Maß dafür ist die Augenhöhe, auf die man sich gerne begibt, wenn es prinzipiell – wegen des Allerhöchsten – keine Höherstehenden und Untenstehenden mehr gibt. Nicht vom hohen Ross herunter die anderen dirigieren wollen, sich auf das einlassen, was mir der andere vorsetzt – das sind äußert wirksame Hinweise mit den entsprechenden Ausnahmegenehmigungen, die wir schon kennen. Um es praktisch etwa für den Alltag in der Familie zu sagen: Bei aller Liebe – wir müssen vereinbaren, ob wir uns wirklich jeden Tag per Kuss zeigen wollen, was wir uns wert sind. Wann wir miteinander beten wollen. Auf was wir verzichten wollen, damit wir bewahren, was uns heilig ist. Und wer die Tür abschließt und den Mülleimer ausleert.

So einfach ist das.

Finanzielle Ziele streichen
Die Möglichkeiten im Heute ausschöpfen

Kapitel 4
Dass die Brüder kein Geld annehmen sollen

1 *Ich gebiete allen Brüdern streng, auf keine Weise Münzen oder Geld anzunehmen, weder selbst noch durch eine Mittelsperson.*

2 *Doch für die Bedürfnisse der Kranken und die Beklei-dung der anderen Brüder sollen einzig die Minister und Kustoden mit Hilfe geistlicher Freunde gewissenhaft Sorge tragen nach Maßgabe der Orte und Zeiten und kalten Gegenden, wie sie sehen werden, dass es der Not abhelfe;*

3 *immer aber mit dem Vorbehalt, dass sie, wie gesagt, nicht Münzen oder Geld annehmen.*

Als Sohn eines Kaufmanns hatte Franziskus erfahren, wie wirksam Geld die Beziehungen unter den Men-schen zerstört. Wer es wie auch immer zur Verfügung hat, ist so weit gekommen, dass er sich sprichwörtlich um nichts und niemanden mehr zu kümmern braucht. Was für eine menschen- und schöpfungsfeindliche Aus-sicht! Dennoch entwickelt sie eine solche Dynamik, dass Millionen von Geldeinheiten selbst von den Armen in Lotterien gesteckt werden wie in Fässer ohne Boden. Im Namen des Geldes werden Firmen aufgekauft und ver-kauft, ohne dass nur ein Blick auf jene geworfen wird, die darin oft Jahrzehnte ihr Bestes gegeben haben. Die Rede davon, einer habe ausgesorgt, der genug Geld habe, deutet unheilvoll an, in welche Ödnis ein solcher gerät: Es gibt für ihn nichts mehr, um das er sich sorgen könnte. Es sei denn als Wohltäter. Doch als solcher muss er buchstäblich jedes Augenmaß verlieren für seine Mit-

menschen, da jeder Versuch, eine ebenbürtige Beziehung aufzunehmen, durch die Macht, die Geld verleiht,
verunreinigt oder gar verunmöglicht wird.

Geld tötet. Wer es nicht geglaubt hat, dem wurden
mit Beginn der Wirtschafts- und Finanzkrise die Augen
geöffnet. Bis in die Nachrichten hat es zwar nur die eher
bildhafte Rede vom Bankensterben und vom Sterben der
Träume von Hausbesitzern geschafft. Wer aber die Doku-
mente der Organisationen liest, die sich schon seit Jahr-
zehnten mit der Frage der Ökonomie in der Einen Welt
befassen, weiß, dass die transnationalen Geldströme die
Reichen reicher und die Armen immer ärmer machen.
An dieser Stelle mag der Hinweis genügen, dass manche
Staaten durch ihre Regierungen so hoch verschuldet
wurden, dass ihr Bruttosozialprodukt nicht ausreicht, die
Zinsen dieser Schulden zu bezahlen.

Glaubt man den Experten der Ökonomie, haben sich
durch die Finanzprodukte Wert und Gegenwert voneinander getrennt. Da wird schon deshalb etwas zu einem
handelbaren Wert, weil daran nicht mehr als die Erwartung gebunden ist, dass es irgendwann einen Gegenwert geben wird, der dem Wert entsprechen wird.
Hoffentlich. Dass diese Hoffnungen oft nicht aufgehen
und dann alle plötzlich mit leeren Händen dastehen,
ist in diesem Moment der Weltgeschichte dämonisch
wahr geworden. Und dass natürlich die leeren Hände,
die schon vorher ohne solche »Werte« waren, nun noch
weniger Hoffnung haben, je gefüllt zu werden, davon
redet schon fast keiner mehr.

In seinen Lehrjahren als Kaufmann hat Franziskus
gelernt, wie Geld die Beziehungen zwischen den Menschen stört, ja zerstört. Seine unheilvolle Dynamik
bringt Jesus in schmerzlicher Klarheit auf den Punkt:
»Wer hat, dem wird gegeben, und er wird im Überfluss

haben; wer aber nicht hat, dem wird auch noch weggenommen, was er hat.« (Mt 25,29) Nur so kann man die radikale Vorschrift des vierten Regelkapitels verstehen. Wir lesen sie ja auf dem Hintergrund, dass dem, der in Christus ist, eigentlich alles erlaubt ist. Selbst Geld, so müssen wir daher annehmen, hat zunächst einmal seinen Platz in dieser Welt. Wenn Franziskus hier nun fast pathetisch »gebietet«, die Brüder dürften es »auf keine Weise« annehmen, steht das in der Reihe von überschwänglichen Inszenierungen rund um das Thema Besitz. Die Entkleidung vor dem Vater und dem versammelten Volk etwa gehört dazu: »Von nun an will ich nur noch ›Vater unser im Himmel‹ sagen.« Die damit verbundene Zuflucht in den Schutz der Kirche kam dem Ausschlagen des ihm zustehenden Erbes gleich.

Weitere regelrechte Inszenierungen beschreiben die »Drei Gefährten«, die deshalb hier einmal ausführlicher zu Wort kommen sollen, da die Armut des Heiligen Franziskus das zentrale Thema des franziskanischen Lebens ist:

»Nach wenigen Tagen aber kamen drei ... Männer aus Assisi zu ihnen ... Sie baten den seligen Franziskus inständig, er möge sie unter die Brüder aufnehmen. Er nahm sie demütig und gütig auf. Wenn sie aber um Almosen in der Stadt bettelten, gab ihnen kaum jemand etwas, sondern man machte ihnen Vorwürfe mit den Worten, sie hätten ihren Besitz aufgegeben und verzehrten fremden. Und so litten sie sehr große Not. Sogar ihre Eltern und Verwandten verfolgten sie; andere Leute aus der Stadt verlachten sie als Dummköpfe und Narren, weil in jener Zeit niemand sein Eigentum verließ, um dann von Tür zu Tür Almosen zu betteln. Doch der Bischof der Stadt Assisi, zu dem der Mann Gottes häufig sich Rat holen ging, nahm ihn gütig auf und sprach zu ihm: ›Hart scheint mir eure

Lebensweise und rau, nichts in der Welt zu besitzen.‹ Zu ihm sagte der Heilige: ›Herr, wenn wir irgendwelche Besitztümer hätten, wären uns Waffen nötig für unsere Obhut. Denn daraus entstehen Rechtsstreite und Zänkereien, und dadurch wird die Gottes- und Nächstenliebe gewöhnlich vielfach verhindert. Und deshalb wollen wir in dieser Welt kein zeitliches Gut besitzen.‹ Der Bischof befand die Antwort des Gottesmannes für sehr gut; denn er verachtete alles Vergängliche und vornehmlich das Geld so sehr, dass er in allen seinen Regeln gerade die Armut betonte und alle Brüder besorgt machte, das Geld zu meiden.« (Gef 35)

In einer zeitgenössischen Lebensbeschreibung findet sich dann noch dieser Bericht:

»Wenn auch der Freund Gottes alles, was der Welt ist, aufs Tiefste verachtete, so verfluchte er doch mehr als alles andere das Geld. Deshalb hatte er von Beginn seiner Bekehrung an eine besondere Geringschätzung gegen das Geld und er schärfte denen, die ihm nachfolgen wollten, immer wieder ein, sie sollten es fliehen wie den leibhaftigen Teufel. Den klugen Rat gab er den Seinen, Kot und Geld mit ein und demselben Gewicht der Wertschätzung zu wiegen. – Eines Tages betrat ein Mann aus der Welt die Kirche S. Maria von Portiunkula, um zu beten. Er legte ein Geldopfer neben dem Kreuze nieder. Als er fortgegangen war, nahm es ein Bruder einfach in die Hand und warf es in eine Fensternische. Was der Bruder getan, kam dem Heiligen zu Ohren. Wie jener sich ertappt sah, eilte er, um Verzeihung zu erbitten, und bot sich, auf den Boden hingestreckt, der Züchtigung dar. Der Heilige wies ihn zurecht und fuhr ihn hart an, weil er das Geld berührt hatte. Er gebot ihm, mit seinem eigenen Munde das Geld vom Fenstersims aufzuheben und es außerhalb der Einfriedung der Niederlassung mit seinem Munde auf Eselsmist niederzulegen. Während jener Bruder willig den Befehl erfüllte, befiel Furcht alle, die es hörten. Alle verachteten in Zukunft das Geld noch mehr, das so dem Mist gleichgesetzt wurde, und von Tag zu Tag wurden sie durch neue Beispiele zur Verachtung desselben angeregt.« (2 Cel 35)

Franziskus war in geradezu heiliger Überzogenheit ein lebendiger Prophet gegen den Geldgebrauch. Wer es mit ihm zu tun bekam und wohl auch heute noch bekommt, kann nicht mehr einfach neutral das Geld als Gegebenheit des Lebens annehmen. Er bekommt die Augen dafür geöffnet, dass jede Form von Besitz, und besonders der Besitz von Geld, andere ausschließt oder gar zurückstößt. Ich besitze, weil du das nicht besitzt, was ich besitze. Ich bin reich, weil du arm bist. Ich kann hier essen, weil ich es dir da weggenommen habe. Ich kann hier so leben, weil du da so sterben musst.

So persönlich zu formulieren, was Sache ist in der Welt, mag manchem nun endlich wirklich pathetisch klingen, der die Geschichten des Franziskus selbst nicht so nennen würde. Doch ist die persönliche Formulierung an dieser Stelle ganz unpathetisch einfach wahr, da jeder Tod in dieser Welt von Menschen persönlich gestorben wird: in den Dürrezonen ehemals bewaldeter, dann aber aus Profitgier gerodeter Urwaldgebiete, in den Kriegsgebieten, die so sind, weil irgendjemand für Waffen Geld hat fließen lassen, in den Favelas der Großstädte, die mit ihrer Lügenverheißung nach mehr Geld die Armen von ihrem Mutterboden aufbrechen lassen zu einem vermeintlichen Himmel, von dem sie doch immer ausgeschlossen bleiben.

Intuitiv schiebt Franziskus der Logik des Geldes einen Riegel vor. Der Stachel bleibt ewig im Fleisch der franziskanischen Bruder- und Schwesternschaften stecken. Er lässt sich durch nichts wegerklären. Er drängt dazu, zumindest täglich auf der Hut zu sein vor der blinden Anziehungskraft materieller Werte. Sie sich selbst anzueignen heißt immer, sie anderen vorzuenthalten. Etwas sein Eigen zu nennen heißt immer, es dem anderen zu bestreiten und ihm sein natürliches Recht zu versagen, daran Anteil zu haben. Der Volksmund hat recht: »Geld allein macht nicht glücklich.« Aus dem Mund des Franziskus käme seit achthundert Jahren »Geld macht unglücklich«, wäre er ein Mann der negativen Formulierungen.

Wir haben den Poverello aber schon so weit kennengelernt in seiner Ordensregel, dass er aus der Erfahrung einer unbedingten Bejahung lebt, die ihm »Leben und Regel« ist. Sie gilt es zu schützen. Mit dem Verbot der Geldannahme verhindert er das Naheliegende im Umgang der Menschen untereinander, damit sie das Nächstliegende nicht übersehen: Dass wir vor allem Geldbesitz nackt Geborene sind, die ebenso nackt sterben werden. Eindrücklich die Weisung an den Bruder, das Geld auf den Misthaufen zu tragen. »Wir sind Bettler, das ist wahr.« Dieses Wort aus dem Mund des Martin Luther könnte franziskanischer nicht sein. Vor der Geburt und nach dem Tod sieht Franziskus jeden Menschen umfangen vom »himmlischen Vater«, in dessen Verantwortung wir im doppelten Sinn stehen: Er hört nicht auf, die Beziehung zu uns zu suchen und uns an sich zu (er-)ziehen. Und wir sollen im Blick auf ihn im Mitmenschen den erkennen, der uns weit von allem, was er an Geld, Bildung oder Kultur angenommen hat, als Bruder oder Schwester gegeben und aufgegeben ist.

Die Beziehung der Menschen untereinander und die Beziehung der Menschen zur Schöpfung müssen fundamental durch die Beziehung charakterisiert sein, die der

Schöpfer und Vater aller Dinge zu seinen Kreaturen hat. Sie ist nach der Erfahrung des Franziskus so eng, dass kein Geldschein und keine Münze dazwischenpassen.

Daraus definiert sich wie von selbst eine Rangfolge der Werte, die wirklich glücklich machen. Sie werden gemeinhin in dem Dreiklang »Frieden, Gerechtigkeit und Bewahrung der Schöpfung« angegeben. Die franziskanischen Brüder und Schwestern werden nicht müde, danach zu suchen, was daraus für das alltägliche Handeln der Gemeinschaften folgt.

Wer diese Werte für seine persönliche Lebensgestaltung sucht, mag reflektieren, ob es nicht an der Zeit ist, dem Vorrang der Verfolgung finanzieller Ziele im privaten wie gesellschaftlichen Leben abzuschwören. Viel zu viele junge Menschen lassen sich verführen, schulisch und beruflich nur zu tun, was nötig ist, um mehr in eine Arbeit als in einen Beruf zu kommen, in dem man bald viel Geld verdient. Ihnen möchte man mit dem Wort Jesu, das der Arzt Lukas uns am ausführlichsten überliefert hat, zurufen: »Was nützt es einem Menschen, wenn er die ganze Welt gewinnt, dabei aber sich selbst verliert und Schaden nimmt?« (Lk 9,25) Sie könnten sich aus der kreativen Kraft des Neuerers aus Assisi ermutigen lassen, zuerst zu suchen, was Gott in ihnen angelegt hat. Damit sollen sie den Menschen dienen. Dass sie dafür einen gerechten Lohn erhalten müssen, gehört zum politischen Konzept einer franziskanischen Wirtschaftsordnung.

Der Bettler aus Assisi, der so viel sammelt, dass es gerade einmal für heute ausreicht, wirbt für den Vorrang des Vertrauens auf die Gegenwart. Darin soll man jetzt schon ganz leben mit dem, was man hat, anstatt blindwütig einen Reichtum im Morgen erringen zu wollen. Die Beziehungen der Menschen untereinander, die vom Geld immer wieder zerstört werden, müssen Vorrang haben und verbieten daher einen engen Blick auf die Wirtschaft durch das Gitternetz von Exceltabellen. Die Reduktion der Ökonomie eines Wirtschaftsbetriebes sowie der ganzen Wirtschaft auf das rechnerische Ergebnis verhöhnt die Wirklichkeit, in der wir Menschen Anwender von Mathematik sein sollen und nicht deren Sklaven. Die Zusammenhänge der Menschen untereinander sind komplexer, als sie an der Börse notiert werden können. Der Stolz allein auf hohe Gewinne ist dumm. »Gott tritt den Stolzen entgegen, den Demütigen aber schenkt er seine Gnade.« (Jak 4,6) Die Argumente in der Diskussion um eine menschen- und schöpfungswürdige Wirtschaftsordnung können keine Computer dieser Welt zusammentragen, sondern nur Menschen, die sich ihrer bedienen und unter Würdigung aller Faktoren Entscheidungen verantworten, die im besten Sinne des Wortes unberechenbar sind.

Sind die Werte klar, drücken Verzicht und persönliche Einschränkung, die daraus für einige Menschen notwendigerweise folgen, die Freiheit aus, die zur wahren Größe des Menschen gehört. Sie gibt der Logik einer Liebe Raum, die sich entschlossen hat, jede ängstliche Sorge, selbst zu kurz zu kommen, fahren zu lassen. Sie drängt einen dazu, sich gleich zu sehen mit allen, besonders aber den Armen, und mehr mit ihnen als an ihnen so zu handeln, wie man selbst gern behandelt werden möchte (vgl. Lk 6,31).

So einfach ist das.

Lebendig arbeiten
Schöpferisch bleiben

Kapitel 5
Von der Art zu arbeiten

1 *Jene Brüder, denen der Herr die Gnade zu arbeiten gegeben hat, sollen in Treue und Hingabe arbeiten,*

2 *so zwar, dass sie den Müßiggang, welcher der Seele feind ist, ausschließen, aber den Geist des heiligen Gebetes und der Hingabe nicht auslöschen, dem das übrige Zeitliche dienen muss.*

3 *Was aber den Lohn der Arbeit angeht, so mögen sie für sich und ihre Brüder das Nötige zum leiblichen Unterhalt annehmen, außer Münzen oder Geld;*

4 *und das demütig, wie es Knechten Gottes und Anhängern der heiligsten Armut geziemt.*

Auch wenn Franziskus nicht ausdrücklich vom Handwerker Jesus spricht, dürfen wir annehmen, dass ihm seine persönliche Beziehung zu dem »armen und niedrigen« Herrn eine intuitive Wertschätzung der handwerklichen Arbeit eröffnete. Der ehemalige Kaufmann nimmt einen Standortwechsel auch in dieser Hinsicht vor. Er geht von der Seite derer, die Waren einkaufen und verkaufen und sie so zu Geld machen, auf die Seite derer, die Waren produzieren. Ausdrücklich lehnt er es ab, Lohn dafür anzunehmen – und auch hier finden wir wie an anderen Stellen vorher wieder eine Ausnahme, die auf die Freiheit verweist, aus der heraus Franziskus hier spricht. Sie wird buchstäblich mit den Händen greifbar, wenn er im Rückblick auf den Beginn seines neuen Lebens schreibt:

»Und ich arbeitete mit meinen Händen und will arbeiten, und es ist mein fester Wille, dass alle anderen Brüder eine Handarbeit verrichten, die ehrbar ist. Die es nicht können, sollen es lernen, nicht aus Sucht, den Arbeitslohn zu empfangen, sondern des Beispiels wegen und um den Müßiggang zu vertreiben. Und wenn uns einmal der Arbeitslohn nicht gegeben würde, so wollen wir zum Tisch des Herrn Zuflucht nehmen und Almosen erbitten von Tür zu Tür.«

Die Arbeit dient dazu, den Geist »bei Laune« zu halten, der von dem Glauben erfüllt ist, dass die Welt erlöst ist und jede Form der Arbeit die Welt mit erlöst. Arbeit hat für Franziskus jeden Geruch des Knechtischen verloren. Sie adelt den Menschen, weil sie ihn teilhaben lässt am schöpferischen Tun Gottes. Arbeitend reicht man ihm die Hand. Arbeitend nimmt man am wahren Leben teil.

Daraus folgt sofort zweierlei. Zum Ersten gehört es zur Würde der menschlichen Person, arbeiten zu können und damit seinen eigenen Lebensunterhalt zu erwirtschaften. Es sind deshalb so viele verschiedene Möglichkeiten von Arbeit zu »erfinden« oder zu »entlohnen«, wie es unterschiedliche Begabungen unter den Menschen gibt. Arbeit muss in den Rang eines sozialen Gutes erhoben werden. Sie ist eine Gestalt menschlicher Beziehungen. Deshalb braucht es die Anstrengung aller, echte Arbeitsplätze für Arbeitslose zu schaffen. Geld allein zerstört deren Beziehungen zur Gesellschaft nur noch mehr.

Zum Zweiten muss klar sein, dass die Arbeit als Mitwirkung am schöpferischen Tun Gottes dem Menschen entsprechen muss und nicht dem Takt der Maschinen und den Erfordernissen der mathematisierten Betriebsführung. Moderne Führungsmodelle wissen längst, dass Menschen gern ihre Höchstleistung geben, wenn sie es in einem Rahmen tun können, in dem ihre Personenwürde geachtet wird. Man denke beispielsweise an Beteiligungsmodelle, die in einem umfassenden Sinn Anteilgabe der Arbeitenden an Chancen und Risiken des Betriebes bedeuten. Die franziskanische Utopie, dass niemand Besitzer von etwas ist, sondern allen nur etwas anvertraut ist, bedeutet eben nicht nur ein fast distanziertes Verhältnis zum Besitz, sondern – daraus folgend – auch eine größere Nähe der Menschen zueinander, die sich in gewisser Weise als Dienst- und Arbeitsgemeinschaft im besten Sinne des Wortes verstehen sollen.

Wenn das Motiv für die Arbeit nicht das Geld ist, das man damit verdient, sondern allein der lebendige Gott, muss man damit rechnen, das eine solche Sichtweise leicht missbraucht werden kann. Schon die Rede von der Gnade zu arbeiten, die jemand erhalten haben kann, aber nicht muss, stellt jeden Bruder frei vom Maß der Arbeit, die anliegt, und orientiert ihn allein hin zu Gott, der dem einen dies und dem anderen jenes gibt, wie er will (vgl. Mt 20,14). Die Versuchung, in dieser Freiheit die eigene Faulheit zu pflegen, ist Franziskus wohlbekannt. Ungewöhnlich hart und wohl genährt aus schmerzlichen Erfahrungen mit entsprechenden Brüdern ist sein Urteil über sie: »Laue, die sich mit keiner Arbeit vertraut machen wollten, müssten, so sagte er, schnell aus dem Munde Gottes ausgespien werden. Kein Müßiggänger konnte vor ihm erscheinen, den er nicht mit scharfen Worten zurechtgewiesen hätte. Arbeitete er, das Beispiel aller Vollkommenheit, doch selbst und schaffte mit seinen Händen und ließ nichts von dem vortrefflichen Geschenk der Zeit unbenutzt zerfließen. – Einmal sagte er: ›Ich will, dass meine Brüder arbeiten und sich tüchtig plagen, und die kein Handwerk verstehen, sollen eines lernen.‹ Dazu gab er folgenden Grund an: ›Damit wir den Menschen weniger zur Last fallen und nicht im Müßiggang Herz und Zunge auf Unerlaubtes kommen.‹

Den Gewinn aber oder den Lohn der Arbeit überließ er nicht dem Gutdünken des Arbeiters, sondern dem des Guardians oder der Familie.« (2 Cel 70)

Neben dem asketischen Gedanken, der aus dem Mönchtum kommt, Müßiggang sei aller Laster Anfang, steht für Franziskus mehr im Vordergrund, arbeitend bei Gott zu sein, um nicht »aus seinem Mund ausgespien zu werden«. Die Würde jeglicher Arbeit liegt begründet in der Nähe, die Gott gerade in der Arbeit zum Menschen hin hat. Daraus leitet sich in keiner Weise ab, jegliche Arbeit stumm und »wie blöd« zu verrichten oder, schlimmer noch, verrichten zu müssen. Franziskus verweist auf Geist und Hingabe, die nicht ausgelöscht werden dürfen: Weder vom Arbeitenden selbst, indem er etwa nicht ganz bei der Sache ist, nur auf den Verdienst aus ist und jegliches Miteinander in der Arbeit verweigert; noch durch den, der Arbeit beauftragt und entlohnt, indem der Lohn ungerecht ist, die Arbeitsbedingungen den Arbeitenden »die Luft nehmen« oder eine Arbeit verlangt wird, die mit den Zielen der menschlichen Gesellschaft nicht vereinbar ist.

So einfach ist das.

Gegenseitige Abhängigkeit bejahen
Aus dem Reichtum leben, der gegeben wird

Kapitel 6
Dass die Brüder nichts als ihr Eigentum erwerben dürfen, sowie vom Bitten um Almosen und von den kranken Brüdern

1 *Die Brüder sollen sich nichts aneignen, weder Haus noch Ort noch irgendeine Sache.*

2 *Und gleichwie Pilger und Fremdlinge (vgl. 1 Petr 2,11) in dieser Welt, die dem Herrn in Armut und Demut dienen, mögen sie voll Vertrauen um Almosen gehen,*

3 *und sie dürfen sich nicht schämen, weil der Herr sich für uns in dieser Welt arm gemacht hat (vgl. 2 Kor 8,9).*

4 *Dies ist jene Erhabenheit der höchsten Armut, die euch, meine geliebtesten Brüder, zu Erben und Königen des Himmelreiches eingesetzt, an Hab und Gut arm gemacht, durch Tugenden geadelt hat (vgl. Jak 2,5).*

5 *Diese soll euer Anteil sein, der hinführt in das Land der Lebenden (vgl. Ps 141,6).*

6 *Dieser hanget, geliebteste Brüder, ganz und gar an und trachtet um des Namens unseres Herrn Jesu Christi willen auf immer unter dem Himmel nichts anderes zu haben.*

7 *Und wo immer die Brüder sind und sich treffen, sollen sie sich einander als Hausgenossen erzeigen.*

8 *Und vertrauensvoll soll einer dem anderen seine Not offenbaren; denn wenn schon eine Mutter ihren leiblichen Sohn nährt und liebt (vgl. 1 Thess 2,7), um wie viel sorgfältiger muss einer seinen geistlichen Bruder lieben und nähren?*

9 *Und wenn einer von ihnen schwer krank werden sollte, dann müssen die anderen Brüder ihm so dienen, wie sie selbst bedient sein wollten (vgl. Mt 7,12).*

Jeder Mensch trägt die Gesichtszüge des menschgewordenen Gottessohnes. In dieser grundsätzlichen Verwandtschaft aller mit Gott liegt der tiefste Grund für die gegenseitige Abhängigkeit der Menschen untereinander. Sie ist für ihn nicht zuerst »natürlich« oder »schicksalhaft«. Sie ist göttlichen Ursprungs. Sie birgt deswegen den Keim einer Freiheit in sich, in der sich die Menschen nicht voneinander abgrenzen oder sich gar in einem menschenverachtenden Sinn voneinander »befreien«. Vielmehr lässt sie der Keim dieser Freiheit aufeinander zuwachsen. Sie finden umso mehr zu sich selbst, je mehr sie zum anderen finden.

Einfach zu leben ist im Kern ein beständiges Streben in der Freiheit, nicht ohne die anderen sein zu können. Wer einfach leben will, bejaht, dass es ein gemeinsames Menschheitsprojekt gibt, aus dem sich keine Menschengruppe ausklammern darf und aus der keine Gruppe von Menschen, ja nicht einmal ein Einzelner ausgeklammert werden darf. Jeder geht jeden etwas an.

Leben wird plötzlich sehr einfach, wenn man dieses Miteinander nicht als Belastung »in Kauf nehmen« muss, sondern als Grundlage sieht. Wer dieses Fundament verneint, gleitet in die Isolation ab, die nichts anderes ist als der irdische Vorhof einer ewigen Hölle. Wie im Himmel dagegen ist ein Leben, in dem das Miteinander den Vorrang hat und Teilen weniger unter dem Aspekt gesehen wird, das einem danach etwas fehlt, sondern dass der andere nun endlich das hat, was ihm zusteht.

Was wie eine Binsenweisheit klingt, ist offenkundig für uns Menschen schwer zu leben. Die sprichwörtliche Tasse Salz vom Nachbarn erbitten? Lieber fährt man sechs Kilometer zu einem Tankstellen-Shop. Einen Freund anrufen, er möge kommen und mir in einer schweren Lage beistehen? Unter Krankenhausseelsorgern geht nach der Klage, man werde so wenig gerufen, die Frage umher, wann man denn selbst einmal einen Seelsorger gerufen habe …

Geben mag ja seliger denn Nehmen sein (vgl. Apg 20,35), doch fängt nach Franziskus die wahre Seligkeit erst da an, wo ich bereit bin, meine Bedürftigkeit einzugestehen und eine Bitte auszusprechen.

Es ist eben nicht das Höchste erreicht, wenn ich so viel besitze, dass ich keinen mehr brauche. Viel höher und in den Worten der Regel des Franziskus geradezu »von höchstem Adel« ist es, wenn man so reif ist, dass man schlicht und einfach anerkennt, weder alles besitzen noch – in jeder Hinsicht des Wortes – alles beherrschen noch alles vollbringen zu können. Es ist nicht Tiefstapelei, wenn man seine Grenzen kennt und in diesen oder jenen Zusammenhängen auch benennt, sondern Ausdruck einer – um ein Wort aus der franziskanischen Regel zu benutzen – »erhabenen Einfachheit«, die eine produktive Lebens- und Arbeitsatmosphäre schafft. Das Gegenstück dazu sind sinnleere Meetings, in denen alle meinen, sich voreinander produzieren zu müssen, in der Sache jedoch keinen Schritt weiterkommen, da niemand den anderen um Aufklärung eines möglichen eigenen Fehlers oder um Unterstützung in einer Angelegenheit bittet, in der man sich unsicher ist.

Der Schlüssel zum Verständnis der franziskanischen Armut ist die Hausgenossenschaft, von der im gleichen Kapitel die Rede ist. Es geht um die Bewahrung des Lebens, das Franziskus empfangen hat. Es geht nicht um ein »Mehr-oder-weniger-Besitzen«. Solche Fragen enden in einer Kleinlichkeit, die nur trennend wirkt, weil es dann bald jene gibt, die sich für besser halten, und andere, auf die man hinabschaut. Am gefährlichsten ist bei dieser Art von Diskussion, dass sie davon ausgeht, es könne so etwas geben wie einen Idealzustand, dem sich dann alle anzupassen hätten und wo dann alle im Chor das berühmte Diktum des ehemaligen Trainers von Bayern München, Trappatoni, rufen können: »Ich habe fertig.«

Eine solche Abgeschlossenheit im Denken und Handeln bricht Franziskus mit seiner radikalen Hinwendung zu dem lebendigen Gott, zu den alltäglichen Menschen und insbesondere zu den wirklich Armen seiner Zeit auf. Solange es nur einen Menschen gibt, der nicht an den Gütern der einen Welt in gerechter Weise Anteil nehmen kann, will er nicht fertig sein. Fragen, die danach suchen, ob man selbst »schon so weit ist«, dass man »franziskanisch arm« lebt, würde er rundheraus ablehnen. Sie haben mit dem Franziskanischen selbst nichts zu tun. Das sind Überlegungen eines aufgeblähten Egos, das sich, geistlich verbrämt, nach einer Selbstzufriedenheit sehnt und einer völlig falsch verstandenen Ruhe in sich selbst. Diese Überlegungen laufen Gefahr, vor lauter Suchen nach einem Ideal den Bruder und die Schwester aus dem Auge zu verlieren. Sie können zudem Ausdruck tiefster Gottlosigkeit sein, da sie vor allem um sich selbst besorgt sind. Dem hält Franziskus entgegen, was viel später Simone Weil, eine Philosophin des 20. Jahrhunderts, die sich kurz vor ihrem Tod taufen ließ, so formulierte: »Meine Sache ist es, an Gott zu denken. Gottes Sache ist es, an mich zu denken.«

Franziskus hat den Weg zu seiner Lebensform erfahren, als hätte ihm einer Schritt um Schritt behutsam die Augen geöffnet. Er bekam einen Blick für den Aussätzigen. Weiter gehören die offenen Augen des Gekreuzigten von San Damiano zum Charakteristikum dieser Kreuzesdarstellung. Die Drei Gefährten berichten, dass

Franziskus so sehr mit inneren Augen das Leiden Christi schaute, dass seine leiblichen »Augen voll Blut zu sein schienen« (Gef 14). Andere Biografen berichten schlicht von einer Augenerkrankung, die so stark war, dass er das Sonnenlicht scheute. Am Ende seines Lebens wird er Bruder Leo mit dem Zitat aus dem Buch Numeri trösten, in dem vom Angesicht die Rede ist, das Gott leuchten lassen soll über ihm (vgl. Num 6,25). Wie anders ist dieses Bild zu verstehen, als dass Gott mit dem Licht seiner sehenden und segnenden Aufmerksamkeit immer mit ihm sein soll.

Es geht um das Glück eines Lebens in beständiger Achtsamkeit auf den Mitmenschen. Ohne Sorge um das eigene Leben, um das ja Gott sich sorgen wird, wie er sich um die Vögel des Himmels sorgt (vgl. Mt 6,26), ist man frei für die angstfreie Begegnung mit dem anderen, der einem ja nichts nehmen kann, weil man ja selbst nichts besitzt. Die franziskanische Armut ist der Reichtum eines Lebens, das schlichtweg entwaffnend ist. Ich erinnere an das bereits zitierte Wort des Franziskus an den Bischof von Assisi: Er müsse ja Waffen zur Verteidigung haben, wenn er etwas besäße. Doch nicht nur selbst braucht man keine Waffen. Auch andere lassen ihre Waffen fallen, wenn sie sehen, dass da einer kommt, der nicht erobern will, sondern von unten anfangen will in der Begegnung und dabei aber auch stark und unkäuflich ist. Am sprechendsten ist dafür wohl jene unglaubliche Episode im Leben des Franziskus, in der er, mit waffenstarrenden Kreuzfahrern nach Ägypten gekommen, zum Sultan al-Kâmil Muhammad al-Malik gelangt:

»Wenn er auch von vielen, die ihm ganz und gar feindselig und ablehnend gegenüberstanden, geschmäht wurde, so wurde er dennoch vom Sultan höchst ehrenvoll empfangen. Er ehrte ihn, wie er nur konnte, und ging darauf aus, durch zahlreiche ihm dargebrachte Geschenke sein Herz den Gütern der Welt zugänglich zu machen. Als er jedoch sah, dass er mit großer Entschiedenheit alles wie Kot erachtete, wurde er von höchster Bewunderung erfüllt und betrachtete ihn wie einen Mann, der seinesgleichen auf Erden nicht hat. Seine Worte machten tiefen Eindruck auf ihn, und er hörte ihm sehr gerne zu.« (1 Cel 57)

Wer am einfachen Leben des Franziskus teilhaben will, entscheidet sich, durch keinerlei Eigentum sein Verhältnis zu den Menschen regeln zu wollen. Es geht um die Bewahrung eines Miteinanders in einer liebenden Aufmerksamkeit für den anderen. Es geht um die Freiheit, einen anderen sehen zu können, wie er ist. Wer keinen Besitzanspruch und keine Verteidigungsnotwendigkeiten hat, kann dem anderen einen Blick schenken, der ihn zu nichts zwingt und ihm dennoch ein Licht aufgehen lässt, wo es nötig ist.

Die Faszination der franziskanischen Armut liegt in der absoluten Gewaltfreiheit und in dem Vorrang des Glaubens an die Sorge und das Wirken Gottes vor allem menschlichen Eingreifen. Es ist ein Abschied von der Verdinglichung der Welt einschließlich der in ihr lebenden Menschen, an die sich der Mensch – in den Worten von Erich Fromm in seinem Buch »Haben oder Sein« – im »Haben-Modus« klammert. Es ist die Bejahung einer Welt, die zu uns spricht und die uns, je mehr wir das erkennen, desto mehr zu den Subjekten macht, die wir im Haben-Modus so gern geworden wären: Wir dürfen, wie im Wort von Erich Fromm, im »Seins-Modus« mit der Schöpfung sein und darin unsere Berufung zu einem beziehungsreichen Leben spielen lassen, in dem wir nichts und niemandes mehr habhaft werden wollen, sondern einzig mit ihm und allen sein wollen.

Das hat fröhliche Folgen. Der Vorgarten im Mehrfamilienhaus wird nie so aussehen, wie ich es gern hätte – und er sieht mit den Ideen der anderen so aus, wie ich es nie hinbekommen hätte. In der Gruppe kommen dann Meinungen zum Vorschein, die das Ganze, was wir vorhaben, in Frage stellen. Mein Urlaub wird mich dann nicht mehr in Billiglohnländer führen. Auf den Tisch kommt weniger viel vom Billigen, sondern mehr vom Wertvollen.

So einfach ist das.

Aufmerksamkeit für das Gute schulen
Dem Sünder Kraft zur Umkehr geben

Kapitel 7
Von der Buße, die sündigen Brüdern auferlegt werden soll

1 *Wenn Brüder auf Anreiz des bösen Feindes tödlich sündigen und es sich um solche Sünden handelt, für die unter den Brüdern verordnet sein wird, dass man sich allein an die Provinzialminister wende, sollen diese Brüder sich an sie wenden, sobald sie können, ohne Verzug.*

2 *Die Minister selbst aber, wenn sie Priester sind, sollen ihnen mit Erbarmen eine Buße auferlegen; wenn sie aber nicht Priester sind, sollen sie die Buße durch andere Priester des Ordens auferlegen lassen, wie es ihnen vor Gott am besten scheinen wird.*

3 *Und sie müssen sich hüten, wegen der Sünde, die jemand begangen hat, zornig und verwirrt zu werden; denn Zorn und Verwirrung verhindern in ihnen selbst und in den anderen die Liebe.*

Es kann fast kein Zufall sein, dass sich dem Kapitel über die Armut das Kapitel über die Buße anschließt. »So gab der Herr mir, dem Bruder Franziskus, das Leben in Buße zu beginnen«, ist der Auftakt zum Testament des Heiligen. Um die Lebensform zu beschreiben, die ihm »der Herr gegeben« hatte, sind Armut und Buße ein ebenbürtiges Geschwisterpaar: Die Armut ist, wie beschrieben, die Haltung der Bejahung der Abhängigkeit voneinander und eines Lebens, das bewusst nichts zwischen sich und den Mitmenschen, ja der ganzen Schöpfung kommen lassen will. Buße ist ganz im Gegensatz zu dem, was damit an dunklen Fantasien oder gar extra auferlegten Übungen verbunden wird, die Haltung einer beständigen Hinkehr zum Beziehungsreichtum, in den Franziskus sich und alle Menschen und Geschöpfe hineingestellt sieht. Wenn mit dem Wort »Buße« das Wort Umkehr verbunden wird, muss zunächst einem Missverständnis vorgebeugt werden: Es geht nicht um ein Umdrehen, einen Rückweg oder gar einen Weg nach Haus im Sinne einer Regression. Es geht auch nicht um die Verneinung der von Gott geschaffenen Welt. Wenn »umkehren« als Übersetzung von »Buße tun« Bestand haben soll, dann nur im schon benannten Sinn von Hinkehr, speziell Hinkehr zum Sinnvollen. Es geht um die Ausrichtung auf das Beziehungsangebot, das Gott jedem Menschen durch jeden Menschen macht und durch seine ganze Schöpfung. Gemeint ist der Abschied von einem Leben, das sich in Angst um sich selbst nicht gottebenbildlich, sondern wie Gott versteht, hin zu einem Leben, das sich – von ihm gehalten – einfach beteiligen will am Reichtum, der für alle zur Verfügung gestellt ist. Diese Beteiligung ist von einer solchen Leichtigkeit – ein Wort, das durchaus in das Feld von neuen Wörtern für die missverständliche »Armut« in der franziskanischen Spiritualität gehört –, dass hier auch gern vom »Spiel« gesprochen wird. Der »Spielmann Gottes« habe selbst trockenen Ästen Melodien zu entnehmen vermocht, die er wie eine Fidel übereinander gekreuzt »spielte«. Die Fröhlichkeit, mit der er verbunden wird, entspringt der Gewissheit, das »Gott aller Reichtum zur Genüge« (Lob-Gott) ist, wie Franziskus in einem Meditationstext für Bruder Leo schreibt. In ihm festgemacht, kann er sich einfach hineinfallen lassen in die Gegebenheiten des Lebens. Er kann dort frei »sein«, weil er davon nichts »haben« muss.

Das siebte Kapitel über die Lebensform, in die Franziskus seine Brüder aufgenommen sieht, thematisiert die geheimnisvolle Wirklichkeit, dass diese Freiheit in Offenheit manchem einfach zu viel ist. Die Tendenz im Menschen, doch lieber für sich selbst zu sorgen, und dies gegen die anderen, ist auch dem größten Gläubigen nicht einfach aus seinem Wesen herausoperiert. Das beste Heilmittel dagegen ist die tägliche Übung des Empfangens, was man zum Leben braucht – täglich arbeiten gehen, nur für den Tagesbedarf betteln –, und selbstverständlich des Gebetes. In seiner Erklärung zum Vaterunser schreibt Franziskus: »Unser tägliches Brot: deinen geliebten Sohn, unseren Herrn Jesus Christus, gib uns heute: zum Gedächtnis und Verständnis und zur Hochachtung der Liebe, die er zu uns gehabt hat, und dessen, was er für uns gesprochen, getan und erduldet hat.« (Vat) Es geht um die tägliche Übung der Entdeckung, was Gott für uns bedeutet – was er getan hat und tut im Hinblick auf uns Menschen. Es geht um den Vorrang der Beziehung, die Gott angeknüpft hat zu den Menschen und unter den Menschen. Ihr zu trauen und sich darauf zu verlassen beschreibt die Lebensform und das Glück eines einfachen Lebens am besten.

Diese Haltung eines tiefgründenden Glücks muss sich da bewähren, wo das Böse seinen Lauf nimmt. Plötzlich sind alle hehren Vorhaben im christlichen Leben null und nichtig geworden. Es beschleicht einen das Gefühl, zu kurz gekommen zu sein. Gott scheint nur auf der Seite der (bösen) Nachbarn zu stehen. Die Egoisten, zumindest jene, die ich immer schärfer als solche erkenne, schwimmen immer wie Fett auf der Suppe oben. Es schleicht sich ein Grundgefühl ins Leben ein, nicht richtig gesehen oder bewertet zu werden. Man hängt sich unbemerkt ab. Kündigt innerlich. Lässt den lieben Gott einen guten Mann sein. Und findet ansonsten die Welt allgemein und die Leute, die sich eigentlich um einen zu kümmern hätten, abscheulich. Am Ende findet man alles nur noch ziemlich kompliziert. Einfach glücklich leben? Das scheinen nur die anderen zu können.

Es ist nicht schwer, sich vorzustellen, welche Wege des Selbst-Wichtigmachens aus derlei Erfahrungen und Gedanken erwachsen. Alkohol, Sexualität, Speisenvielfalt, Glücksspielverheißungen, esoterische Schnellheilungsangebote und anderes bieten sich an, sich ein wenig wichtiger zu machen oder zumindest zu fühlen. Am Ende steht die pure Blindheit für die Anerkennung, die man, wenn man sie von hilfsbereiten Menschen angeboten bekommt, doch ausschlägt, weil man sie schier nicht erträgt: Hab' ich doch nicht nötig. Will sagen: Ich brauche keinen zum Leben.

Das Elend, das sich in einem solchen Moment offenbart, ist unbeschreiblich. Der Betroffene sitzt in der Hölle und hält sie womöglich noch für den Himmel.

Ihn damit in der Bruderschaft leben lassen und doch gezielt auf ihn zugehen ist die Kunst, die sich Franziskus in der Lebensform vorstellt, in die Gott ihn gerufen hat. Darin ist ihm ein für alle Mal ein Vertrauensraum geschenkt, in dem er dem Guten den Vorrang geben kann. Es braucht nicht die Aufregung über den, der eventuell den Ruf der Gemeinschaft schädigen kann oder den Ruf eines einzelnen Verantwortlichen, denn dort, wo es keinen Besitzanspruch gibt, muss auch nicht auf den schönen Schein geachtet werden, muss nichts verschleiert werden und muss niemand irgendwohin gebogen werden. Vielmehr soll da, wo der Beziehungsraum der Bruderschaft verletzt oder gar ausgenutzt wurde, dem Einzelnen klar gemacht werden, dass er sich mehr selbst als andere schädigt oder geschädigt hat. Das verlangt freilich, dass sich die Brüder, wie schon erläutert, als wahrhaft arm, will hier sagen: als wahrhaft bedürftig zeigen der aufrichtigen und echten Zugewandtheit des momentan Abgewandten und dies in Freiheit benennen, ohne den anderen dazu drängen zu wollen.

Es hat bei mir sehr lange gedauert, bis ich verstanden habe, dass der Weg in einer franziskanischen Bruderschaft ein beständiger Prozess von Genuss am Zueinander und Leiden am Auseinander ist, der bei mir täglich anfängt und im Gesamten des Ordens aufhört. Es war nicht leicht zu bejahen, die Freiheit eines Lebens in Buße, also beständiger Neu-Hinkehr, gewählt zu haben. Mehr als einmal dachte ich mir, es müsse doch alles irgendwie zu regeln sein. Erst langsam wurde mir bewusst, dass damit das franziskanische Projekt gescheitert wäre. Und wohl auch oft genug schon gescheitert ist, wenn man bedenkt, mit welcher Regulierungswut vergangene Jahrhunderte auch diese »Regel« in ein Denkmuster einfangen wollten. (Was andere Jahrhunderte von der hier vorgelegten einfachen Erläuterung sagen werden, steht dann auf einem weiteren Blatt der Geschichte.)

Das sechste und siebte Regelkapitel nehme ich, da wir hier an zentraler Stelle franziskanischer Lebensweise sind, als ein Plädoyer dafür, endlich eher vom franziskanischen Reichtum zu reden als von der franziskanischen Armut. Es geht um Bewahrung im göttlichen Beziehungsspiel, in dem Gott allein Maß, Reichtum, Ruhe und Sicherheit zur Genüge ist, wie Franziskus in seinem Lobpreis Gottes schreibt. Welchen Reichtum, ja welches Glück ein derart einfaches Leben bedeutet, mag man der Handlungsanweisung des Heiligen Büßers an einen Minister, einen Verantwortlichen der wachsenden Brudergemeinschaft nachspüren:

»Und darin will ich erkennen, ob du den Herrn und mich, seinen und deinen Knecht, liebst, wenn du folgendes tust, nämlich: es darf keinen Bruder auf der Welt geben, mag er auch gesündigt haben, soviel er nur sündigen konnte, der deine Augen gesehen hat und dann von dir fortgehen müsste ohne dein Erbarmen, wenn er Erbarmen sucht. Und sollte er nicht Erbarmen suchen, dann frage du ihn, ob er Erbarmen will. Und würde er danach auch noch tausendmal vor deinen Augen sündigen, liebe ihn mehr als mich, damit du ihn zum Herrn ziehst. Und mit solchen habe immer Erbarmen.« (Min)

So einfach ist das.

Strukturen mittragen
In Rechten und Pflichten leben

Kapitel 8
Von der Wahl des Generalministers dieser Brüderschaft und vom Pfingstkapitel

1 Alle Brüder sollen gehalten sein, immer einen von den Brüdern dieses Ordens als Generalminister und Diener der gesamten Brüderschaft zu haben, und sollen streng gehalten sein, ihm zu gehorchen.

2 Tritt er ab, so geschehe die Wahl des Nachfolgers von den Provinzialministern und Kustoden auf dem Pfingstkapitel, zu dem die Provinzialminister gehalten sein sollen, stets zusammenzukommen, wo immer der Generalminister wird festgelegt haben;

3 und das einmal in drei Jahren oder zu einem anderen, späteren oder früheren Zeitpunkt, so wie es der genannte Minister wird verordnet haben.

4 Und sollte jemals der Gesamtheit der Provinzialminister und Kustoden offenbar werden, der erwähnte Minister sei zum Dienst und gemeinsamen Wohl der Brüder unzureichend, sollen die genannten Brüder, denen die Wahl zusteht, gehalten sein, sich im Namen des Herrn einen anderen zum Oberen zu wählen.

5 Nach dem Pfingstkapitel aber können die einzelnen Minister und Kustoden, wenn sie wollen und es für nützlich erachten, noch im gleichen Jahre ihre Brüder in ihren Kustodien einmal zum Kapitel zusammenrufen.

Einfach zu leben ist alles andere als ein Abschied von den Mitmenschen. Es lebt auch nicht der einfach, der sich »vornehm« zurückhält und die anderen »machen« lässt. Für Franziskus ist das verbindliche Miteinander eine Grundstruktur des Glücks, das er gefunden hatte in dem neuen Leben, das er mit seiner Ordensregel hüten möchte. Denn das Unglück des Menschen sah er schon aus seinen eigenen Lebenserfahrungen heraus vor seiner Bekehrung darin begründet, dass sich der Mensch vom anderen abheben und damit abtrennen möchte, obwohl er doch auf Gemeinschaft angelegt ist.

Damit trifft er eine Grundproblematik, deren ganzes Ausmaß heute zutage tritt. Wohl selten waren Menschen anonymer im Miteinander als im sogenannten Kommunikationszeitalter. Der mittelbare Kontakt per Telefon, Handy, E-Mail, Twitter, Facebook, StudiVZ oder auch durch andere Kommunikationsplattformen hat uns die Augen für die sich wandelnden Wahrnehmungsformen von Nähe und Ferne geöffnet. Man spricht schon von der elektromagnetischen Nähe in der Telekommunikation. Das damit verbundene Lebensgefühl und Weltverständnis sind etwas so grundlegend Neues, dass wir keine rechten Begriffe mehr haben für das, was wir als Nähe und Ferne, als hier und dort bezeichnen.

Paul Virilio hat in seiner Medientheorie davon gesprochen, dass in unserem Kommunikationszeitalter das Bewusstsein für den Raum verloren geht. Immer mehr hätten das Gefühl, eingesperrt und eingeschlossen zu sein, da uns einfach zu viel »umgibt«. Er nennt das die »mentale Verseuchung« durch Auflösung von Distanzen. Es wird so viel erzählt und gezeigt, dass man nur noch mit der Verarbeitung der Zeichenwelt beschäftigt ist und einem der Zugang zu dem, was die Zeichen eigentlich zugänglich machen wollen, verwehrt bleibt. Die Folge ist eine schleichende Sprachlosigkeit, da jeder damit »fertig« werden will, was alles an und um ihn brandet. Sein Vermögen schwindet, mit der Wirklichkeit selbst oder gar mit den Mitmenschen direkt im Kontakt zu sein, ganz nach dem Motto: »Ich hatte dir doch eine SMS geschickt.«

Im Zeitalter der »Breaking News« werden wir von Brandherd zu Brandherd geschleppt mit unserer Aufmerksamkeit. Wohl noch nie waren wir so informiert über Entwicklungen in der Welt. Die Kehrseite ist, dass wir abstumpfen. Wir gewöhnen uns immer schneller an Grausamkeiten, an tödliche Konflikte, Katastrophen und zutiefst befremdliche und erschütternde Ereignisse. Die Aneinanderreihung von Stichworten wie Erfurt, Insel Djerba oder World Trade Center, Gaza und Ruanda versetzt uns in Angst und Schrecken, weil wir unmittelbar spüren, dass uns das Leid dort oder an weiteren Orten Asiens, Afrikas und Lateinamerikas restlos überfordert. Wir können es nicht recht begreifen, und schon gar nicht können wir uns angemessen da hineinfühlen. Wir sind, wenn wir uns mittels der modernen Technik wirklich öffnen für die Welt, in der wir leben, ständig mit einem schlechten Gewissen konfrontiert und müssen schon deswegen immer öfter »abschalten«.

Die Versuchung, sich aus einer verbindlichen Struktur von Gemeinschaft mit den Menschen zu verabschieden, taucht auch angesichts der Schwierigkeit auf, die großen Prozesse etwa der Globalisierung einerseits theoretisch begreifen und ihre Auswirkungen andererseits praktisch im Alltag erfahren zu sollen, um dann auch noch dagegen etwas unternehmen oder darauf zumindest gestaltend einwirken zu sollen. Wir sitzen aber mit im Boot und betreiben, was wir eigentlich hinterfragen sollten und vielleicht sogar wollten. Wir sind über Handy, BlackBerry und digitale Fernsehkanäle für alle Kommunikationskanäle offen und lassen uns den Einheitssound der Videoclips gefallen. Aber warum eigentlich? Haben wir wirklich unsere Gründe oder wollen wir nur an dem unbestimmten globalen Weltgefühl teilnehmen, an alles angeschlossen zu sein? Hier schließt sich dann der Kreis. All die Kommunikationsmittel sollen ein unendliches Einsamkeitsgefühl überwinden, das sich durch sie erst epidemisch verbreitet hat.

Das achte Regelkapitel spricht von den Kommunikationsstrukturen der Bruderschaft, freilich in einer Zeit, der Telefon und anderes noch fremd war. Franziskus macht der Gemeinschaft klare Vorgaben. Sie soll sich treffen. Sie soll sich eine Leitung wählen. Sie kann eine Leitung abwählen.

Da der Regeltext, den wir hier betrachten, aus der Spätzeit der Gründerjahre stammt, sei hier daran erinnert, dass es zu Beginn jährliche Treffen gab, oft sogar zweimal pro Jahr. Sie waren lebensnotwendig für die wachsende Gemeinschaft, da sie ja nicht in einem Kloster lebte, sondern sich vor allem in kleinen Gruppen organisierte. Man hatte dafür an der Kapelle von Portiunkula, in der Franziskus zu Füßen der Stadt Assisi den Ruf, ohne Eigentum durch die Welt ziehen zu sollen, empfangen hatte, primitive Hütten aus Strohmatten und Blättern errichtet. 1221, drei Jahre vor dem Tod des Heiligen, kamen zu einem großen Gesamttreffen über fünftausend Brüder zusammen. Zuvor, 1217, hatte man der anwachsenden Zahl von Brüdern wegen Italien schon in sechs sogenannte Provinzen eingeteilt, denen die damals etwa tausend Brüder zugeteilt wurden. Zudem beschloss man im gleichen Jahr, Brüdergruppen nach Ungarn, Spanien und Frankreich zu senden. Einige brechen nach Marokko auf, etwa sechzig Brüder machen sich auf den Weg in deutschsprachige Gebiete. Diese Missionen waren allerdings zum Scheitern verurteilt, da man zwar mit gutem Willen, aber mit wenig Vorbereitung ging, so etwa ohne Sprachschulung.

Das mag hier reichen, um anzudeuten, welche innere Zusammenhaltkraft die Gemeinschaft aufbringen musste, damit sie sich nicht verlor. Auch unter Anregung eher rechtlich denkender kirchlicher Ratgeber gibt das achte Kapitel der Regel an, wie das Grundgerüst sein soll. Der Gesamtverantwortliche wird benannt und derjenige, der als »Kustode« einer Provinzgemeinschaft vorsteht. Nirgendwo ist vom Abt (lateinisch für »Vater«) die Rede oder vom Oberen. Stattdessen heißt er Minister, was übersetzt Diener meint, oder Kustos, was eher Türhüter bedeutet. Von den Leitern der örtlichen Gemeinschaften ist in der Regel nicht direkt die Rede. Sie heißen »Guardian«, was so viel heißt wie Wächter. Wenn man sich in diese Art der Strukturierung der Gemeinschaft hineinversetzt, wird einem klar, wie flexibel sie gestaltet ist. Zumindest das Amt des Generalministers steht alle drei Jahre neu zur Wahl, es gibt ein Absetzungsverfahren für ihn, die Kustoden sollen vor Ort ihre Brüder zusammenrufen zum sogenannten »Kapitel« und weiter im Gespräch halten, was man beim Generalkapitel besprochen hat. Später werden die Provinzialminister, wie die Kustoden dann heißen werden, auch jeweils in den Provinzen gewählt werden. Bis heute hat sich diese Art des Miteinanders erhalten, in der eine langfristige Amtsbesetzung unmöglich ist. Alle drei oder, wie es heute auf Weltebene gehalten wird, alle sechs Jahre darf alles im besten Sinne des Wortes in Frage gestellt werden. Dass nach der heute geltenden Ordnung ein Amtsträger nur für eine unmittelbar anschließende Amtszeit einmal wiedergewählt werden kann, sei hier der Vollständigkeit halber noch ergänzt und verweist einmal mehr darauf, dass es dem franziskanischen Strukturgefüge darauf ankommt, keine Hierarchien zu bilden. Vielleicht gibt die Rede des Franziskus davon, dass der eigentliche

Generalminister der Gemeinschaft der Heilige Geist sei, den Grund dafür an: Immer neue Suchprozesse sollen das geistliche Miteinander fördern. Es kommt auf die Bindung in diesem Geist an. Sie gibt der Gemeinschaft Stärke und Zukunft.

Die emotionale Bindung oder die Bindung durch eine umfassende Mitteilung von Wissen, an dem alle teilhaben müssen, tritt dahinter zurück. Bei aller wünschenswerten persönlichen Zuneigung der Brüder zueinander, bei aller Transparenz im Miteinander, müssen diese jedoch Folge der vorhandenen Grundeinstellung sein, einander von Gott gegeben zu sein in dieser Gemeinschaft. Daraus folgen Rechte und Pflichten, Respekt und Gehorsam aller gegenüber allen. Das kritische Wort ist gewünscht, wenn es denn auf Anregung des Heiligen Geistes gesprochen wird. Die gehorsame Annahme der Kritik ist selbstverständlich, wenn sie aus solcher Anregung heraus einen selbst trifft. Auf diese Weise sind die Minister und andere Amtsträger mit allen Brüdern beständig auf der gleichen Ebene, weil im gleichen Zusammenhang: In der von Gott selbst verfügten Gemeinschaft, in der niemand etwas Besseres ist, sondern alle unter dem »Allerhöchsten« und seinem Willen stehen, den man in geistlich inspirierter beständiger Kommunikation miteinander ergründen will. Und muss.

In den Ermahnungen, einer Sammlung von Sprüchen, die auf Franziskus zurückgehen, heißt es zu der Haltung, die dazu dienlich ist:

»Selig der Knecht, der sich nicht für besser hält, wenn er von den Menschen laut gepriesen und erhoben wird, als wenn er für unbedeutend, einfältig und verächtlich gehalten wird. Denn was der Mensch vor Gott ist, das ist er und nicht mehr. Wehe jenem Ordensmann, der von anderen hoch erhoben ist und in seiner Eigenwilligkeit nicht herabsteigen will. Und ›selig jener Knecht‹ (Mt 24,46), der nicht durch seinen Willen hoch erhoben wird und der immer danach verlangt, den Füßen der anderen unterworfen zu sein.« (Erm 19)

Es ist eine Absage an jedes Streben, einen Kommunikationsvorteil haben zu wollen. Hier geht es um die Lauterkeit in den Beziehungen, die nicht zu eigenen Gunsten ausgeschlachtet werden dürfen. Es geht um ein Selbstbewusstsein, das sich allein aus Gott nährt und das nicht den anderen zur Steigerung der eigenen Bedeutsamkeit »missbrauchen« muss. Und obwohl uns Worte wie für »einfältig und verächtlich« gehalten oder »den Füßen der anderen unterworfen« zu werden wie eine Aufforderung zur Verbiegung vorkommen, steckt in der Haltung, die damit beschrieben sein soll, das Geheimnis wahrer Autorität, ohne die keine Gemeinschaft zu ihrer Form findet. Denn erst jener, der ähnlich wie der Apostel Paulus sagen kann: »Wenn ich schwach bin, dann bin ich stark!« (2 Kor 12,10), schafft jenen Raum des Vertrauens, in den andere gern eintreten, sich öffnen, ihren Beitrag einbringen und so zum Gelingen des Gesamten beitragen.

Wenn man sich das vor Augen hält, wird noch einmal klar, dass die Regulierung der Struktur des franziskanischen Ordens, wie sie im achten Kapitel beschrieben ist, nur wenige Eckpunkte nennen will und kann. Das Eigentliche ist die Haltung des Vertrauens, dass im herrschaftsfreien Miteinander sich zeigen wird, wohin der Geist die Brüder lenken wird. Da es aber, wie das Zitat aus den Ermahnungen andeutet, auch Versuchungen gibt, das kommunikative Miteinander zu stören, sind solche Eckpunkte auch Garanten der Freiheit. Die Brüder müssen allerdings im Hinterkopf behalten, was die Regelworte in Fluss halten wollen. Und sie auf diese Weise mit »Geist und Leben« (Joh 6,63) füllen.

Das einfache Leben der franziskanischen Gemeinschaft lebt von dem Bewusstsein des Freiraums, der da entsteht, wo einer auf den anderen verwiesen ist und dabei niemand etwas für sich besitzen oder erreichen will. Die Kultur des einfachen Lebens pendelt zwischen den Polen Verbindlichkeit und Bereitschaft zum Lassen. Akzeptanz von Formen im Umgang miteinander und Offenheit dafür, diese weiterzuentwickeln. Starke Übernahme von Rollen im Miteinander und das Bewusstsein, sie nur für eine Weile übertragen bekommen zu haben. Ein starkes Selbstbewusstsein über den Wert der eigenen Person und die Hochachtung der anderen nicht aufgrund ihres Nutzens für einen selbst oder für die Gemeinschaft, sondern aufgrund der Würde, die ihnen so wie einem selbst verliehen ist.

Wer zu dieser Haltung findet, muss einfach mitmachen. Ohne unkritisch überall dabei sein zu wollen, wählt er aus, wo seine Begabungen sich am besten entfalten können. Er scheut sich nicht davor, Dienst oder gar Ämter zu übernehmen. Es geht ihm nicht um Karriere oder Ansehen bei zweifelhaften Gruppierungen, deren Klatschen oft nur deren eigenen Zielen dient. Er setzt sich ein in einem ihm angemessenen Maß. Sein Engagement inspiriert andere, sich gleichfalls einzusetzen. Er hält sich dann für erfolgreich, wenn andere mit ihm erfolgreich geworden sind. Es ist ihm fremd, sich einsam zu fühlen, weil er sich gar nicht ohne seine Mitmenschen verstehen kann. Die Mühe, einer Nachbarschaft, einer Gruppe, einem Verein oder seinem Arbeitsplatz zu einer Form zu verhelfen, die ein Miteinander ermöglicht, ist für ihn schlicht selbstverständlich. Sein Lebensraum ist Gottes Welt. Darin sieht er sich wie jeden seiner Mitmenschen an die erste Stelle gestellt. Daraus folgt ein Engagement, das nicht eher ruhen kann, bis aus dieser Glaubenswahrheit eine Lebenswahrheit geworden ist: Gerechte politische Strukturen, eine Kommunikation, die echt ist, eine Wirtschaftsordnung, die jedem zum Vorteil ist. Gottesdienst ist ihm Menschendienst. Menschendienst ist ihm Gottesdienst. Mit allen Rechten. Mit allen Pflichten.

So einfach ist das.

Sagen, was man glaubt
Sich gegenüber der Tradition verantworten

Kapitel 9
Von den Predigern

1 Die Brüder sollen im Bistum eines Bischofs nicht predigen, wenn es ihnen von diesem untersagt worden ist.

2 Und auf keine Weise getraue sich irgendein Bruder, dem Volke zu predigen, er sei denn vom Generalminister dieser Brüderschaft geprüft und bestätigt und es sei ihm von diesem das Predigtamt gestattet worden.

3 Ich warne auch und ermahne diese Brüder, dass sie in der Predigt, die sie halten, wohlbedacht und lauter reden sollen (vgl. Ps 11,7; 17,31) zum Nutzen und zur Erbauung des Volkes,

4 indem sie zu ihnen sprechen von den Lastern und Tugenden, von der Strafe und Herrlichkeit mit Kürze der Rede, weil der Herr auf Erden sein Wort kurz gefasst hat (vgl. Röm 9,28).

Ganz einfach. Wovon das Herz voll ist, davon quillt der Mund über. Oder: Am einfachsten lebt jener, der aus seinem Herzen keine Mördergrube macht. Der sein Herz auf der Zunge trägt. Der nicht mit vielen Worten um den heißen Brei herumredet, sondern einfach sagt, was Sache ist.

Das kann unklug sein. Dumm. Einfältig. Gefährlich. Aber es macht frei. So zu reden kann sich jener leisten, der nichts werden will und der nirgendwo bleiben muss. Sicher ein zu schönes Ideal für alle, die Angst um ihren Arbeitsplatz haben. Ist um dessentwillen eben nicht doch eher die komplizierte Lebensweise erforderlich, in der man um die Wette lügt oder zumindest schummelt, sich überlegt, was der andere gern hören will, und in der es erst am Ende des Tages Entwarnung gibt in Richtung eines Feierabends, an dem man endlich sein kann, wie man wirklich ist.

Das offene Wort kommt unter die Räder eines diplomatischen Zick-Zack-Kurses, bei dem man niemandem wehtun will – mit dem Ergebnis, dass man am Ende mit seinen Schmerzen allein dasteht. So tragisch kann das enden: Da wollte man auf alle Rücksicht nehmen und am Ende stieben alle auseinander, weil niemand mehr jemandem traut und jeder jeden für einen Übeltäter hält, der die Wahrheit so verdreht, wie er glaubt, dass sie gerade verdreht sein muss. Im neunten Regelkapitel geht es historisch gesehen darum, die Minderbrüderbewegung von den anderen Bußbewegungen in der damaligen Zeit abzuheben und ihr die Kirchlichkeit zusprechen zu können, die notwendig war, um unbehelligt wirken zu können. Schon 1219 hatte es ein päpstliches Empfehlungsschreiben gegeben, ohne das es wegen der Wirren der Zeit damals einfach nicht möglich war, sich weiter auszubreiten. Über diesen Weg der Sicherung durch die Amtskirche waren längst nicht alle Brüder glücklich, da es auch eine Art Domestizierung mit sich brachte: Wer einen schützt, darf auch bestimmen, wie man zu sein hat.

Franziskus waren solche eher taktischen Überlegungen fremd. Er geht davon aus, dass zur evangelischen Lebensweise auch eine bestimmte Weise des Predigens gehört. Die Brüder brauchen dazu keine Erlaubnis. Diese ist ihnen vielmehr gegeben durch ihre Berufung durch den Herrn selbst. Daher wird dem Bischof lediglich das Recht zugestanden, das Predigen in seinem Bereich verbieten zu können. Die Erlaubnis zum Predigen jedoch kommt aus dem Innersten der Bruderschaft. Wer predigt, tritt aus der Gemeinschaft als einer ihrer Brüder und nur im Zusammenhang mit ihr an die Öffentlichkeit. Man darf nicht vergessen, dass zuvor – und das ist die typisch franziskanische Rangfolge – von den manuellen Arbeiten die Rede war, durch die die Brüder ihren Lebensunterhalt verdienen. Dass man durch Predigt und später Seelsorge für den Orden Geld verdient, war zu jener Zeit ganz und gar nicht vorgesehen.

Der Text geht davon aus, dass die Brüder – man möchte fast sagen: dass alle Brüder – predigen. Predigt meint hier das öffentliche Reden von dem, was man von Gott und in Gott erkannt hat. Predigt als Anregung zu einer Neubesinnung. Sie ist nicht denkbar ohne eine Erfahrung mit diesem Gott, ganz nach dem Motto: Weil ich die Wahrheit erkannt habe. Oder genauer gesagt, weil die Wahrheit mich erkannt hat. Um diese Antriebskraft geht es. Man *muss* einfach darüber reden, was einem wichtig, oder noch passender gesagt: was einem heilig ist. »Wir können unmöglich schweigen über das, was wir gesehen und gehört haben.« (Apg 4,20)

Ich möchte hier nicht nochmals auf die klare Vernetzung, ja Abhängigkeit eingehen, die in den Augen von Franziskus für eine erfolgreiche Predigt notwendig ist. Ihm ist neben der strategischen Notwendigkeit einer rechtlichen Regelung viel wichtiger, dass niemand reden kann, der nicht vorher empfangen hat. Wer glaubt, er könne aus eigener Erkenntnis einfach reden, ohne zu jemandem gehören zu müssen – man bemerke das Wort Gehorsam und erinnere sich, was Franziskus dazu meint –, für den gilt ein Ermahnungswort des Heiligen aus Assisi: »Jener nämlich isst von dem Baum der Erkenntnis des Guten, der seinen Willen als ein Eigentum beansprucht und sich mit dem Guten brüstet, das der Herr in ihm spricht und wirkt.« (Erm 2)

Wer von Wahrheit spricht, von Gott spricht, von einer Einsicht redet in etwas, was Gültigkeit über den höchstpersönlichen Bereich hinaus beansprucht, der macht es am einfachsten so, dass er sagt, woher er das hat. Was ihn daran so bewegt. Wie es ihn verändert. Das bleibt von selbst kurz. Da kommt man von selbst schnell auf den entscheidenden Punkt. Oder andere fragen ungeduldig nach und helfen so meistens mit, die eigene Begeisterung verständlich zu machen. Einfacher geht es nicht.

Und doch ist das nicht so einfach. Es greift eine neue Unmündigkeit um sich, die schon viel zu viele verstummen lässt. Was einem wirklich wichtig ist – wer kann das noch benennen? Ist nicht alles gleich gültig in dieser Welt und rührt daher nicht die große Gleichgültigkeit? Eine flammende Rede wirkt doch eher peinlich, weil wir sie von den Fußgängerzonen kennen, in denen mit heiser gewordener Stimme der Weltuntergang angekündigt wird. Eine heiße Diskussion wird oft schon nach Minuten abgewürgt, weil einer sagt: Wenn du das so siehst, bitte schön. Aber lass mir auch meine Meinung. Dahinter könnte ergänzt werden: Die behalte ich auch, wenn sie falsch ist. Solche argumentativen Totschläger sind zum Haareraufen. Kommunikation sieht anders aus. Sie fragt nach den Werten, die dem anderen wichtig sind. Sie kann benennen, welche Gefühle mitschwingen. Sie fragt beim anderen nach und lässt sich von seiner Sichtweise anfeuern zu einem neuen Nachdenken und In-Frage-Stellen.

Es kann sich lohnen, in kurzen Worten aufzuschreiben, was einem »wohlbedacht« heilig ist. Wofür man einsteht und auch kämpft. Oder wie man das, was man glaubt, in einer frischen und unverbrauchten Sprache ausdrücken will.

Mich beeindruckt zum Beispiel die Antwort aus den Reihen der franziskanischen Brüder auf die Frage nach dem Sinn der Welt, in der wir leben. Duns Scotus, ein gelehrter franziskanischer Bruder in Köln im 14. Jahrhundert, formulierte kurz und knapp: »Deus vult condeligentes.« – »Gott will Mitliebende.« Im Blick auf den Gründer der franziskanischen Bewegung und dessen Erfahrung, dass Gott beziehungsreich ist als dreifaltiger Gott, zieht der Theologe den Faden weiter: Aus dem Beziehungsreichtum Gottes tanzt die Welt als Schöpfung heraus und sie hat überhaupt keinen anderen Sinn, als Gott zurückzulieben. »Lobt den Herrn, all seine Werke, an jedem Ort seiner Herrschaft! Lobe den Herrn, meine Seele!« (Ps 103,22) »Alles, was atmet, lobe den Herrn!« (Ps 150,6)

Wenn ich mein »kurzgefasstes Wort« noch fortführen darf: Mit der Auferstehung Jesu hat das Zurücklieben des Schöpfers seinen Höhepunkt durchschritten. Jesus hat für die Sünde der Welt gelitten und darin seine Liebe gegenwärtig gemacht, sodass jetzt die Rückführung der Welt in den Schoß des Schöpfers, ja das Ende der Welt begonnen hat. Wir leben im Jahr 2009 nicht nach, sondern mit Christus. Das ist für mich eine gültige Aussage. Niemand macht sie mir im Herzen streitig. Darin sehe ich die unverlierbare Würde des Menschen begründet, Freiheit, Gnade, Liebe und Gerechtigkeit.

Und wenn ich ein einfaches Beispiel geben soll, wie ich von Laster und Tugenden, von Strafe und Herrlichkeit rede, dann etwa so: Was es alles an sogenannter Spiritualität gibt, muss sich fragen lassen, ob es wirklich ein Weg ist zur Begegnung mit Gott, dem Schöpfer aller. Mir wird ganz anders, wenn ich sehe, wie manche Mitmenschen in geradezu vorchristliche Zeiten zurückgehen und in eher angsterzeugenden Mutter-Gaja-Kulten, Horoskop-Deutungen oder Kartenlese-Künsten ihre Zuflucht suchen. Sich zur Walpurgisnacht zu treffen gilt in manchen Kreisen wieder als chic. Der heilige Bonifatius müsste mal wieder aufstehen und eine Eiche fällen, damit die Leute sehen, dass das alles höchstens ein Hinweis ist auf den, der uns die Erde geschenkt hat. Sie kann uns nichts bieten, was uns weiterleben lässt als bis zur Erde, zu der unser Körper wieder zurückkehren wird. Aber sind wir nicht viel mehr?

Mir imponiert als Beispiel für ein kurzgefasstes Wort zu Tugend und Herrlichkeit die Selbstauskunft Gottes: »Ich bin, der ich für dich da sein werde.« (Vgl. Ex 3,14) Damit ist auch das Schönste über den Menschen gesagt: Für ihn ist mehr da, als die Erde zu bieten hat, zu der er ja zurückkehren wird. Und Jesus greift das im Abendmahlssaal als Gottessohn auf: »Das bin ich für euch.« (Vgl. Mt 26,26) Damit bringt Jesus den Dornbusch noch einmal zum Brennen. In der Eucharistie erfahren wir, dass wir heute Gott selbst empfangen können. Das Brot ist Christus und gleichzeitig ist es noch Brot, der Dornbusch, der brennt und nicht verbrennt, die Eucharistie als der uns geschenkte Dornbusch, in dem mir dieses personale Du sozusagen angeboten wird und ich es in mich aufnehmen kann, auf dass ich brenne und nicht verbrenne. Die Tugend, die aus dieser Herrlichkeit folgt, ist ganz einfach: Einer zu werden, der wie Gott für euch und für alle da sein will.

Solche Worte müssen nicht für jeden einfach sein. Vielleicht ist dennoch auch durch das geschriebene Wort hindurch einen Moment spürbar gewesen, wofür ich brenne. Da ist das Wort wieder: Brennen. Ich bin davon überzeugt, das auch aus diesem Grund im neunten Regelkapitel vom kurzgefassten Wort die Rede ist, womit Jesus selbst gemeint ist, nicht etwa, dass er wenig geredet hätte. Im Römerbrief heißt es vielmehr: »Denn der Herr wird handeln, indem er sein Wort auf der Erde erfüllt und durchsetzt.« (Röm 9,28) Jesu »Fußspuren« zu folgen und seinem »heiligen Evangelium« ist ja das Grundmodell franziskanischer Lebendigkeit. Es geht darum, uns ihm immer mehr anzunähern in der Tat und im Wort. In dieser Reihenfolge.

Das Grunddatum dazu ist die intensive Beziehung, die in der Taufe ihren höchsten Ausdruck findet. Da hat Gott mit jedem Christen angebandelt und den Weg zum Bruder und zur Schwester und den Weg zum sinnerfüllten Leben in Gott erschlossen. Gott fing an mit meinem Leben schon vor meinem Leben. Er fand mich heraus in seiner Liebe, schuf mich und ist für mich da in diesem Leben. Mein Leben findet seinen Sinn, wenn ich meinerseits da bin für ihn und für alle, mit denen ich wegen des gleichen »Geburtsortes« verbunden bin.

Die erste Predigt der Brüder, wir werden es weiter unten noch einmal hören, ist deshalb Wortwerdung. Ein Mensch zu sein, der durch sein Leben in Frage stellt. Dazu gehört, die Demut aufzubringen, sich anzuerkennen als einer, der sich nicht selbst geschaffen hat. Ich mache mir auch den Glauben nicht. Auch ihn empfange ich, wie ich mich selbst empfangen habe aus der Hand Gottes.

Es kommt nicht darauf an, gescheit reden zu können. Eine Predigt ist keine theologische Vorlesung. Das Sprechen über den Glauben, um das es hier geht, kann jeder, wenn er nur verbunden ist: mit Gott. Mit der Kirche und der konkreten Gemeinschaft, zu der er in ihr gehört. Mit den Zuhörern, die ihn ja verstehen sollen. So wird er zu dem Wort, durch das Gott im anderen etwas bewegen kann.

Das einfache franziskanische Leben und Reden schöpft aus einem Selbstvertrauen, das letztlich ein

Gottesvertrauen ist. Das Selbstvertrauen, das ich in mir habe, ist, dass Gott mir vertraut. Aus mir bin ich nichts. Aber aus Gott bin ich alles. Und für ihn bin ich alles. Ich habe ja nichts getan, ich habe mich weder ins Dasein gerufen noch habe ich mir meine Gedanken gegeben noch habe ich mir meine Fähigkeiten, meine Neigungen gegeben. Das alles kommt nicht aus mir. Ich entwickle, was mir geschenkt ist. Ich setze es ein. Mutter, Vater, Vergangenheit, Biografie, Freundin oder Freund, Gesellschaft, Kirche und Vereine: So vieles hat mich geformt, und doch bin ich ein ganz anderer als die Summe aller dieser Einflüsse, weil Gottes Wort mich angesprochen hat. Wie könnte ich anders leben, als es auszusprechen?

So einfach ist das.

Aktiv gut sein
Widerstände als Aufgabe sehen

Kapitel 10
Von der Ermahnung und Zurechtweisung der Brüder

1 *Die Brüder, die Minister und Diener der anderen Brüder sind, sollen ihre Brüder aufsuchen und ermahnen und sie in Demut und Liebe zurechtweisen, ohne ihnen etwas zu befehlen, was gegen ihre Seele und unsere Regel wäre.*

2 *Die Brüder aber, die Untergebene sind, sollen beherzigen, dass sie um Gottes willen dem eigenen Willen entsagt haben.*

3 *Daher gebiete ich ihnen streng, dass sie ihren Ministern in allem gehorchen, was sie zu halten dem Herrn versprochen haben und was nicht ihrer Seele und unserer Regel zuwider ist.*

4 *Und wo immer Brüder sind, die wüssten und erkannten, dass sie die Regel nicht geistlich beobachten können, sollen und können sie zu ihren Ministern Zuflucht nehmen.*

5 *Die Minister aber sollen sie liebevoll und gütig aufnehmen und ihnen mit so großer Herzlichkeit begegnen, dass sie mit ihnen reden und tun können wie Herren mit ihren Knechten.*

6 *Denn so soll es sein, dass die Minister die Knechte aller Brüder sind.*

7 *Ich warne aber und ermahne im Herrn Jesus Christus, dass die Brüder sich hüten mögen vor allem Stolz, eitler Ruhmsucht, Neid, Habsucht (vgl. Lk 12,15), der Sorge und dem geschäftigen Treiben dieser Welt (vgl. Mt 13,22), vor Ehrabschneiden und Murren; und die von den Wissenschaften keine Kenntnis haben, sollen nicht danach trachten, Wissenschaften zu erlernen.*

8 *Sie sollen vielmehr darauf achten, dass sie über alles*

*verlangen müssen, zu haben den Geist des Herrn und
sein heiliges Wirken,*

9 *immer zu Gott zu beten mit reinem Herzen, Demut zu
haben, Geduld in Verfolgung und Schwäche und jene zu
lieben, die uns verfolgen und tadeln und beschuldigen,*

10 *denn der Herr sagt: »Liebet eure Feinde und betet für
jene, welche euch verfolgen und verleumden.« (Vgl. Mt
5,44) »Selig, die Verfolgung leiden um der Gerechtigkeit
willen, denn ihrer ist das Himmelreich.« (Mt 5,10)*

11 *»Wer aber ausharrt bis ans Ende, der wird gerettet
werden.« (Mt 10,22)*

So einfach und klar es ist, so schwer ist es anzunehmen:
Wir Menschen sind fehlbar. Wir mögen Gottes Eben-
bild sein, aber wir können weder alles sehen noch alles
vorausahnen. Schon deswegen kommt es zu Konflikten und Missverständnissen. Schlimmer aber ist: Wir
können nicht im Gutsein bleiben. Wir sind schwankende
Rohre im Wind (vgl. Lk 7,24), bewegt von Gefühlen und
Meinungen, Interessen und Egoismen.

Wer einfach lebt, rechnet damit, Fehler zu machen.
Er verurteilt sich nicht, sondern nimmt die Aufgabe
ernst, die daraus erwächst. Viel ist gewonnen, wenn wir
damit rechnen, dass wir selbst und auch andere böse
sein können. Wir brauchen die Schattenseiten unseres
Herzens nicht zu verdrängen. Ein Heiliger ist nicht einer,
der nicht sündigt. Ein Heiliger ist einer, der seine Sünde
im Licht der Sonne Gottes und im Licht gut gepflegter
Beziehungen zu den Menschen immer aufs Neue erkennen und vergeben lassen will. Franziskus sah darin ein
wesentliches Merkmal seiner Lebensform evangelischer
Armut. Ihr Reichtum wird sichtbar auch in der Bereitschaft des Bruders, sich das Wort sagen zu lassen, das er
sich selbst nicht sagen kann.

Es geht um die einfache Wahrheit, ein Geschöpf zu sein, das begrenzt ist. Wer dies verneint, lebt in einer ständigen Unzufriedenheit mit sich und der Welt. Seine gesamte Existenz empfindet er als eingeengt, weil sie so beschränkt ist. Statt sich zu begnügen mit den gegebenen Möglichkeiten und sich darin herausfordern zu lassen, verliert er sich darin, ein anderer oder woanders sein zu wollen. Es mag ja wichtig sein, auf sich zu hören und sich zu entwickeln. Wir sollen auch zu einer guten Selbstwahrnehmung fähig sein und auf die Fragen antworten können, wie es einem selbst geht. Dabei dürfen wir aber nicht stehen bleiben. Wichtiger ist der Blick zum Bruder und zur Schwester. Perspektiven eröffnet nicht so sehr die Frage: Wie geht es mir?, sondern die Frage: Wie geht dir?, ergänzt um ein: Mit mir.

Damit beginnen Dialoge, in denen es um die Entdeckung des Guten geht, das in unserer Mitte regieren will und dem wir so oft die Ehre verweigern. Es geht um ein ständiges Verpflichtetsein gegenüber den bleibenden Werten, die uns stärker anziehen wollen als alle Gefühle, die durchaus stark sind, aber doch vergänglich. Sie gaukeln uns im Augenblick zwar vor, dass sie die stärkeren seien. Nachhaltiger jedoch halten uns die Werte. Wenn wir uns an ihnen halten.

Für Franziskus sind sie mehr als eine philosophische Größe. Er erkennt sie in der Person Jesu Christi auf menschlichem Niveau. Er will sich nicht an etwas festhalten, sondern weiß sich von jemandem gehalten, in dem »die Fülle des Guten« ist. In der Bruderschaft verwirklicht sich eine Atmosphäre, die in den ersten christlichen Gemeinden geherrscht haben muss und die doch auch schon dort bedroht war. Im Brief an die Epheser heißt es mahnend:

»Ihr habt doch von Jesus gehört und seid unterrichtet worden in der Wahrheit, die Jesus ist. Legt den alten Menschen ab, der in Verblendung und Begierde zugrunde geht, ändert euer früheres Leben, und erneuert euren Geist und Sinn! Zieht den neuen Menschen an, der nach dem Bild Gottes geschaffen ist in wahrer Gerechtigkeit und Heiligkeit. Legt deshalb die Lüge ab, und redet untereinander die Wahrheit; denn wir sind als Glieder miteinander verbunden. Lasst euch durch den Zorn nicht zur Sünde hinreißen! Die Sonne soll über eurem Zorn nicht untergehen. Gebt dem Teufel keinen Raum! Der Dieb soll nicht mehr stehlen, sondern arbeiten und sich mit seinen Händen etwas verdienen, damit er den Notleidenden davon geben kann. Über eure Lippen komme kein böses Wort, sondern nur ein gutes, das den, der es braucht, stärkt, und dem, der es hört, Nutzen bringt. Beleidigt nicht den Heiligen Geist Gottes, dessen Siegel ihr tragt für den Tag der Erlösung. Jede Art von Bitterkeit, Wut, Zorn, Geschrei und Lästerung und alles Böse verbannt aus eurer Mitte! Seid gütig zueinander, seid barmherzig, vergebt einander, weil auch Gott euch durch Christus vergeben hat.« (Eph 4,21–32)

In der Lebensform des »heiligen Evangeliums« geht es darum, so sehr in Jesus zu sein, dass man sich in seinem Denken und Handeln nur noch auf ihn bezieht und nur noch aus ihm heraus handelt. Die Folge davon ist eine Lebenshaltung, in der Güte und Frieden im Vordergrund stehen. Aber nicht als Idee, sondern als Ausdruck des Urmodells Jesus von Nazaret. Die franziskanische Tugend des Gutseins im Beziehungsgeflecht der Menschen ist die Folge des erfahrenen Gutseins Gottes, der durch Jesus in dieses Beziehungsgeflecht eingetreten ist. Die Verpflichtung, gut leben zu wollen, kommt nicht aus einem selbst, sondern aus Gott.

Damit verabschiedet man sich davon, das eigene Gutsein rein logisch zu begründen. Oder der Humanität nur deswegen verpflichtet zu sein, weil »man« damit am besten zurechtkommt. Beides wird durch die Wirklichkeit schnell in Frage gestellt bis hin zur Aufgabe des Willens zum Guten. Es ist eben nicht immer logisch, am Guten festzuhalten. Und »man« kommt auch längst nicht immer am besten damit zurecht, zum Frieden beitragen zu wollen. In den Herausforderungen des Alltags tauchen Widerstände auf, die einen dazu verleiten können, die allerbesten Absichten fahren zu lassen, weil damit übermenschliche Anforderungen an die eigene Person gestellt werden. Da kann es dann leicht passieren, dass man die ehemals für sicher gehaltenen Ansichten über die eigenen Pflichten plötzlich kleinredet und die Ideale nach eigenem Maß zurechtschneidet, wie es einem selbst dann gerade passt. So wird der Begriff der »Würde« in unserer Gesellschaft etwa von manchen zur Begründung herangezogen, alten Menschen zur Selbsttötung verhelfen zu dürfen, ja zu müssen. Oder man engt den Begriff des Lebensschutzes ein, indem plötzlich nur noch nicht-behinderte Menschen im Mutterschoß für »richtiges Leben« gehalten werden. Nein, niemand und nichts kann dem, der einfach Jesu Leben »wie ein Gewand« (Gal 3,27) angezogen hat, den Willen zum Guten brechen. Denn er hat an seiner Seite einen Lebensbegleiter, der einen lehrt, die vielfältigen Wandlungen, die in den Widerständen des Lebens der Seele abverlangt werden, nicht als Probleme, sondern als Herausforderungen zu sehen, die man ohne Aufgabe der eigenen Grundentscheidungen bewältigen kann. Und soll.

Franziskus will sich einzig und allein von Jesus, dem »höchsten glorreichen Gott«, regieren lassen. Er ist blind vor Liebe zu diesem Herrn, ein Verrückter, der

Maßstäben gehorcht, als seien sie Personen oder gar »Herrinnen«. In dichterischer Lebendigkeit schreibt er einen Gruß an die Tugenden, die er, wie wir glauben müssen, in Jesus am Werk sieht und die nun auch ihn und die Brüder beherrschen sollen.

»Sei gegrüßt, Königin Weisheit, der Herr erhalte dich mit deiner Schwester, der heiligen reinen Einfalt.

Herrin, heilige Armut, der Herr erhalte dich mit deiner Schwester, der heiligen Demut.

Herrin, heilige Liebe, der Herr erhalte dich mit deiner Schwester, dem heiligen Gehorsam.

Ihr hochheiligen Tugenden, euch alle erhalte der Herr, von dem ihr ausgeht und herkommt.

Keinen einzigen Menschen gibt es auf der ganzen Welt, der eine von euch haben könnte, wenn er nicht vorher stirbt.

Wer eine hat und die anderen nicht verletzt, der hat alle.

Und wer eine verletzt, der hat keine und verletzt alle. (Vgl. Jak 2,10)

Und jede einzelne macht Laster und Sünden zuschanden.

Die heilige Weisheit macht den Satan und all seine Bosheiten zuschanden.

Die reine heilige Einfalt macht alle Weisheit dieser Welt (vgl. 1 Kor 2,6) und die Weisheit des Leibes zuschanden.

Die heilige Armut macht die Begehrlichkeit und den Geiz und die Sorgen dieser Weltzeit zuschanden.

Die heilige Demut macht den Stolz und alle Menschen, die in der Welt sind, und ebenso alles, was in der Welt ist, zuschanden.

Die heilige Liebe macht alle teuflischen und fleischlichen Versuchungen und alle fleischlichen Ängste (vgl. 1 Job 4,18) zuschanden.

Der heilige Gehorsam macht alles leibliche und fleischliche Verlangen zuschanden

und hält seinen Leib abgetötet, damit er dem Geiste
gehorche und seinem Bruder gehorche;
und der Mensch ist untergeben und untertan allen Menschen, die in der Welt sind,
und nicht nur allein den Menschen, sondern auch allen
wilden und ungezähmten Tieren,
damit sie mit ihm tun können, was nur immer sie wollen,
soweit es ihnen von oben herab, vom Herrn, gegeben ist
(vgl. Joh 19,11).« (GrTug)

Es bleibt einem schier der Atem stehen, mit welch einfachen, aber auch eindringlichen Worten der Frie-
densbote aus Assisi vom innersten Geheimnis seines
einfachen Lebens spricht. Es besteht in der Anerkennung von »Herrinnen«, die stärker sein sollen als alles,
was etwa vom zuvor zitierten Brief an die Epheser sich
im Menschen aufbläst. Es geht darum, demütig sein
Knie zu beugen vor den Werten, die einem vorgegeben
sind und denen man sich zu unterwerfen hat. Wer aber
will das heute hören?

Doch solcher Gehorsam ist dem selbstverständlich,
der im besten Sinne des Wortes einfach »in Ordnung«
sein will. Freiheit ist ihm nicht ein Süppchen, das jeder
für sich kochen kann oder gar muss. Er versteht Freiheit als Erlösung von allem, was »logisch« ist, etwa weil
»mir danach ist« oder weil ich »etwas davon habe«. Ihm
kann und soll mehr wichtig sein als das, was er sich vor-
rechnet oder was ihm vorgerechnet wird. Er »muss«
überhaupt nicht dem, der ihm auf die eine Wange haut,
zurückhauen. Er kann ihm auch seine andere noch hin-
halten und so die Logik des Bösen durchbrechen. Der
Mensch hat die Freiheit, in der Logik der Liebe zu Gunsten einer weiter reichenden Lebensqualität den Kürze-
ren zu ziehen.

Solche Logik spricht Franziskus im zehnten Kapitel seiner Regel an. Deswegen die Rede davon, dass in einem Gespräch über mögliche Sünden der Obere sich als Knecht sehen soll, sein Untergebener aber wie der Herr. In diesem paradoxen Verhältnis wird deutlich, dass es in der Bruderschaft nicht um Herrschaft des einen über den anderen geht. Die Lebensform des Evangeliums kennt nur das Bestreben, »in allem den Geist des Herrn« zu gehorchen, freilich im Dialog von Diensten und Ämtern mit allen Brüdern, aber in der gehorsamen wachen Haltung, eher dem zu folgen, was Brüdern im Oberenamt aufgegangen ist – wenn es nicht »gegen die Seele und gegen die Regel« ist.

Man kann den Geist der Freiheit nicht genügend betonen, der durch die Inspiration, die Franziskus empfangen hat, in die Kirche eingedrungen ist. Er formt eine Gemeinschaft, in der niemand im Vorhinein nach einem Ergebnis »trachten« soll, der Obere im Gespräch mit seinen Brüdern nicht, der Bruder in der Hingabe an die Wissenschaft nicht und jene nicht, die »durch die Welt« ziehen. Sie sollen sogar froh sein, wenn ein erwartetes Ergebnis nicht eintritt – die Leute etwa alles andere als freundlich reagieren auf die Freundlichkeit und Bedürfnislosigkeit der Brüder. In solchen Situationen zeigt sich dann, so die Logik franziskanischer Einfachheit, ob man wirklich »über allem den Geist des Herrn« zu haben trachtet.

Bevorzugter Ort der Auseinandersetzung, ob man richtig liegt oder falsch, noch gut ist oder schon zum Bösen neigt, ob man schon selbstsüchtig ist oder nur dafür kämpft, dass man tun muss, wofür Gott einen begabt hat, ist das Gewissen. Man hat es weniger, als dass man es ist, so sehr bestimmt es die ganze menschliche Person. Und wie wir als Menschen den Dialog brauchen, um zu reifen, so braucht auch das Gewissen das beständige Gespräch und die Anfragen von außen, damit es sich selbst nicht in die Irre führt. Sonst wollen wir zwar das Allerbeste, aber leider irren wir im Gewissen. Dies ist die größte Gefahr des einfachen Lebens: Dass sein Gewissen verkommt.

Deshalb ruft Franziskus die Oberen auf, ihre Brüder oft aufzusuchen. Darum der Vorschlag, mit den Brüdern paradox zu sprechen, damit sich niemand dem Gewissen und den rechten Werten versperrt, weil er vielleicht meint, andere wollten über ihn herrschen. Darum ist in der Regel die Rede von denen, die sie nicht halten können: Eine Ermutigung für alle, die sich scheuen, ihre Gewissenszweifel zu äußern und um Hilfe zu bitten, weil sie denken, die anderen hätten keine Probleme. Und darum schließlich auch die fast hymnische Aufforderung mit der folgenden Aneinanderreihung von Bibelworten, doch ja immer »zu Gott zu beten«, freilich immer mit dem Bruder und der Schwester im Blick.

So einfach ist das.

Keuschheit pflegen
Von niemandem besessen werden

Kapitel 11
Dass die Brüder die Klöster der Nonnen nicht betreten sollen

1 *Ich befehle streng allen Brüdern, keine Verdacht erregenden Beziehungen oder Beratungen mit Frauen zu haben und die Klöster der Nonnen nicht zu betreten,*

2 *jene Brüder ausgenommen, denen vom Apostolischen Stuhl eine besondere Erlaubnis erteilt worden ist.*

3 *Weder sollen sie eine Patenstelle bei Männern oder Frauen übernehmen, noch entstehe bei solcher Gelegenheit unter den Brüdern oder durch die Brüder ein Ärgernis.*

Das Verhältnis der Geschlechter ist komplizierter geworden. Gott sei Dank, sagen jene, die Festlegungen von Mustern in den Geschlechterrollen überwunden sehen. Andere sind da nicht so euphorisch. Sie sehen die Kommunikation zwischen den Geschlechtern dadurch erschwert, weil so viel Gleiches betont wird, dass die natürliche Anziehungskraft zwischen den Geschlechtern, die berechtigter Verschiedenheit entwächst, darunter leidet.

Das Glück einfachen Lebens liegt in der klaren Bejahung der je eigenen Berufung des Menschen als Mann und Frau zu einem Leben in Fülle. Den Weg dazu weist Franziskus, der mit Klara eine Frau zur Seite gestellt bekam, wie alle großen Heiligen der Kirchengeschichte. Benedikt und Scholastika, Niklaus von Flüe und seine Frau, Johannes vom Kreuz und Theresia von Avila, und in unseren Tagen darf man Roger Schütz und Mutter Theresa nennen. Sie ragen heraus als Leuchttürme einer

Haltung, die auf je eigene Weise von Gott allein Erfüllung erwartet und in der einer den anderen anfeuert, sich der erfüllenden Liebe Gottes zu öffnen.

Als die damals achtzehnjährige Klara hinuntereilt nach Portiunkula, um dort »Bruder« zu werden, empfängt Franziskus sie wohlwissend, dass es skeptische Brüder gibt, mit offenen Armen. Klara wechselt aus dem Bereich der Oberschicht, in der die Frau als Besitz des Mannes galt, in ein Klima des Miteinanders, in dem niemand etwas und niemand jemanden besitzen will. Abgesehen von der Berufung zur keuschen Ehelosigkeit, von der später noch zu reden sein wird, darf das ganz allgemein gesagt werden: Mit der franziskanischen Bewegung in ihrer Armutshaltung öffnet sich ein Raum, in dem natürlich auch die Leibeigenschaft der Frau gegenüber dem Mann keinen Grund mehr hat. Die Versuche ihrer Verwandten, Klara und ihre Schwester Agnes gewaltsam zu »befreien«, erscheinen schon damals wie eine schlimme Karikatur der »Stärke« von Männern: Klara hält sich am Altar fest; Agnes macht sich schwer. Beide können von ihrem Onkel und ihren Brüdern nicht mehr »nach Hause« geholt werden, weil sie ein neues Daheim, einen neuen Schwerpunkt im buchstäblichen Sinne des Wortes haben.

In der Bruder- und Schwesternschaft wird es kein gemeinsames Leben geben am gleichen Ort. So viel Konzession an den Zeitgeist damals und an die Erwartung der Kirche, von denen beide anerkannt sein wollen, machen sie. Ansonsten aber zeichnen die beiden ein neues Bild von Stärke des Mannes und der Frau, in der wie auch auf anderen Lebensfeldern, von denen schon die Rede war, Herrschaft übereinander oder eine Suche und gar Sucht nach Vorteilen voneinander keine Rolle mehr spielen.

Um ein Beispiel zu geben, zu welcher Eigenständigkeit Klara in der Lebensform des Evangeliums gefunden hatte, sei hier aus der Biografie zitiert, die der Minderbruder Thomas von Celano verfasst hat. Die einfache Fröhlichkeit, ja das Glück selbst in den schweren Stunden des Sterbens, ihre selbstverständliche Bitte nach dem Trost der Brüder (!) und Schwestern und ihr Segen über die Brüder (!) und Schwestern teilen die Atmosphäre mit, in der ein Leben in den Fußspuren Jesu Christi Mann und Frau zur Reife bringt. Nach über zwanzig Jahren auf einem Krankenlager kommt für Klara neunundzwanzig Jahre nach Franziskus die Stunde, in der sie ihr Leben in die Hände ihres Schöpfers zurückgibt:

»Als der gute Mann, Bruder Rainald, sie in dem langen Martyrium solcher Krankheiten zur Geduld ermahnte, antwortete sie ihm ganz unbefangen: ›Nachdem ich die Gnade meines Herrn Jesus Christus durch seinen Diener Franziskus ein für allemal erkannt habe, ist mir keine Pein beschwerlich, keine Buße hart, keine Krankheit, liebster Bruder, drückend.‹ Da aber der Herr gnädig handelte und gleichsam schon vor der Türe stand, wollte Klara Priester und geistliche Brüder um sich haben, die ihr das Leiden des Herrn und heilige Worte vortragen sollten. Kaum war Bruder Juniperus, berühmt für seine zündenden Worte, die er an den Herrn zu richten imstande war, unter ihnen erschienen, fragte ihn Klara, von ungewöhnlicher Heiterkeit erfüllt, ob er etwas Neues vom Herrn bereit habe. Er aber öffnete seinen Mund und entsandte aus dem Feuerofen seines glühenden Herzens Worte wie Feuerfunken. Aus seinen Gleichnissen entnahm die Jungfrau Gottes großen Trost. Schließlich wandte sich Klara an die weinenden Töchter, denen sie die Armut des Herrn ans Herz legte und voll Lobpreis sie an die Wohltaten Gottes erinnerte. Sie segnete die frommen Brüder und ihre frommen Schwestern und erflehte für alle Frauen der Armen Klöster, für die gegenwärtigen und die künftigen, die Gnade reichsten Segens.« (LebKl 45)

Das geschwisterliche Miteinander, das aus dieser und vielen anderen Passagen aus dem Leben der Schwestern- und Bruderschaft hervorgeht, besticht bis heute. Franziskus begegnet Klara mit Hochachtung. Er nennt sie »Herrin«. Sie sind eines Herzens in der beglückenden Erfahrung, im Leben nichts anderes haben zu müssen und demzufolge auch nichts zu wollen als »die Gnade reichsten Segens«, von dem Klara in ihrem Abschiedssegen spricht. Zweifellos sieht sie diesen Segen personifiziert in der Person des Armen Jesus Christus, dem sie ihr Leben lang »Braut« sein wollte.

Auch wenn dem heutigen Zeitgenossen solche Vorstellungen fremd sind: Im spirituellen Grund von Klara wie auch von Franziskus ist das Wissen verankert, dass der Status der Sehnsucht, ausgedrückt im Bildwort »Braut«, für den Menschen konstitutiv ist. Um es deutlicher zu sagen: Menschlicher ist es, sich vor Sehnsucht zu verzehren, als der Sehnsucht nachzueilen. Glücklicher jener, der noch etwas erhofft, als jener, der meint, schon alles zu haben. Gereifter jene Frau, jener Mann, die oder der auch in der Ehe glücklicher ist über das, was man voneinander und miteinander noch ersehnt, als jene und jener, die voneinander und miteinander meinen, alles zu haben und haben zu müssen.

Was in dieser Ordensregel zur Wahrung der evangeliumsgemäßen Lebensform immer wieder aufleuchtet, gilt auch für das Werden des Menschen als Minderer Bruder und Mindere Schwester: Beide haben einander die Füße zu waschen. (Vgl. Joh 13,1–20) Franziskus definiert schon für seine Bruderschaft Macht, Autorität und Gehorsam neu, indem er unter den Brüdern keinen Prior (lateinisch für »Erster«) oder Abt genannt sehen will. Ebenso suchen er und Klara ein Miteinander für sie selbst wie auch für ihre Brüder und Schwestern in ihren Gemeinschaften, in der die Sorge umeinander und der Respekt vor dem Wirken des Heiligen Geistes im Vordergrund stehen, dem in der geistlichen Tradition gern weibliche Attribute zugesprochen werden.

Es fällt geradezu auf, dass Franziskus einen mütterlichen Blick für seine Brüder hat. Wir haben oben schon im sechsten Kapitel der Regel gelesen: »Wenn schon eine Mutter ihren leiblichen Sohn nährt und liebt, um wie viel sorgfältiger muss einer seinen geistlichen Bruder lieben und nähren?« Einen ähnlichen Blick hat er auch für Klara und ihre Schwestern.

Der Wille zum Wohlergehen des anderen, mit ihm unabsichtlich umgehen und dem Geist der Freiheit Raum lassen: Mit diesen Worten ist gut umschrieben, was »Keuschheit« meint, ein Wort, das ebenso wie »Armut« zunächst mit negativem Klang daherkommt. In diesem Wort übergibt uns die geistliche Tradition der Christenheit ein Kernstück des Glücks des einfachen Lebens auch als Mann oder Frau, der oder die nicht zur keuschen Ehelosigkeit berufen ist. Keuschheit in Freundschaft, Beziehung, Partnerschaft und schließlich in der Ehe meint die geistige und geistliche Freiheit, den anderen zu achten und nichts von ihm zum Besitz haben zu wollen. Respekt und Ritterlichkeit sind passende Worte dazu, Achtsamkeit und Einfühlungsvermögen, Achtung vor dem ganzen Leben, des eigenen wie das des anderen. In dieser Haltung muss ich im Augenblick nicht alles haben und nicht alles erfahren. Ich bin nicht dem Zwang zum Glück ausgeliefert, sondern bin in der Ruhe des »Armen«, der sich reich beschenkt weiß mit Gottes Gaben und jeden und alles als Geschenk anzunehmen weiß.

Der Jesuit Roman Bleistein hat dies einmal treffend ausgedrückt für das Verhältnis von Mann und Frau in der Ehe. Die Chance für beide, miteinander höchstes Glück zu erfahren, ist dann gegeben, wenn beide einander sagen: »Ich verzeihe dir, dass du mir mein Gott nicht sein kannst.«

Keuschheit meint die Haltung Jesu einzunehmen, der den anderen als Ganzes sieht. Wer im Hinblick auf das eigene wie auf das gesamte Leben eine Beziehung anknüpft und lebt, muss die ganze Person des anderen im Blick haben. Glücklich macht nicht der andere, sondern dass man mit dem anderen mehr und mehr eines Geistes wird, der einen in neue Welten führt. Nicht dass ich mit dir alle meine Ziele erreiche, ist die Kernfrage. Glücklich wird, wer um des anderen willen alle eigenen Ziele in Frage stellen kann, um nur mit dem anderen gehen zu können.

Sosehr Selbstaufgabe negativ klingt: Das Wort Jesu, man solle alles verkaufen, um ihm dann nachzufolgen (Lk 18,22), gilt sinngemäß auch für die Liebenden. Von Franziskus lässt sich lernen, nicht zuerst zu fragen, was ich alles behalten kann, wenn ich mit dir gehe. Im Vordergrund muss der Reichtum stehen, zu dem mir der andere mehr und mehr wird und um dessentwillen ich bereit bin, alles und schließlich mich selbst aufzugeben: »Darum wird der Mann Vater und Mutter verlassen und sich an seine Frau binden, und die zwei werden ein Fleisch sein.« (Gen 2,24)

Die Reihenfolge ist bezeichnend: Verlassen, weil man gefunden hat. Sich binden an den oder die, den oder die man gefunden hat. Ein Fleisch werden in der körperlichen Vereinigung und im Laufe der Ehe darin Raum geben, ein Kind aus Gottes Schöpferkraft zu empfangen.

Diese Reihenfolge ist auch behutsam. Sie stellt die Person, um derentwillen man alles verlassen will, in den Mittelpunkt. Keuschheit meint eine Lebenshaltung, der die Unteilbarkeit der menschlichen Person aufgegangen ist. Man liebt nicht etwas von jemandem, sondern ihn selbst. Nicht nur eine Zeit lang, nicht nur seinen Körper, nicht nur seine Vorzüge. Das »Du« keuscher Liebe meint den anderen gestern, heute und morgen. Es zielt nicht auf die eigene Beglückung, sondern auf das Glück des anderen. Es verabscheut, den anderen auf Probe lieben oder ihn gar ausprobieren zu wollen. Es sieht vor der Ehe den anderen als jemanden, dem sich ein Nachfolgender einst vermählen wird. Es respektiert den, der dann die ganze Hingabe an den anderen leben wird.

Die franziskanische Keuschheit meint wie die franziskanischen Armut den Reichtum, den Beziehungen bedeuten, in denen der eine dem anderen nicht überlegen sein oder sich etwas holen will, was dem Status der Beziehung nicht angemessen ist. Für die voreheliche Beziehung heißt dies: Ich gehe mit dir so um, dass dein zukünftiger Partner, der ja schon von Gott geschaffen wurde, sich daran freuen wird, wenn du ihm davon erzählen wirst. Für die eheliche Beziehung heißt das: Mein sexuelles Verlangen nach dir will ich stets mit dem Geist der Gemeinschaft unserer Ehe verbinden und es immer in dessen Dienst stellen. Für den, der allein lebt, bedeutet Keuschheit: Ich will den Durst nach erfüllter Sexualität bewusst annehmen und kultivieren durch die Abwehr aller Versuchungen, mir allein besonders auch darin genügen zu wollen.

Einer Sexualisierung der Person des anderen, aber auch der eigenen Person, ist die Haltung der Keuschheit fremd. Und doch gibt es die Versuchung, alle guten Sitten fahren zu lassen, sich Gefühle »besorgen« zu wollen, »es« auf »Teufel komm raus« zu treiben und darin sich treiben zu lassen in der Gier, endlich etwas »haben« zu wollen von der Liebe, vom Leben oder gar nur von sich selbst. Auch aus der Biografie des heiligen Franziskus sind solche Versuchungen bekannt. Berühmt jene Geschichte, in der er dann mit Schnee eine Familie aufbaut, um sich so neu wieder darüber klar zu werden, welche Entscheidung er getroffen hat. Denn das Glück, einer Entscheidung treu zu sein, trägt weiter als das Glück, das man sich heute meint verschaffen zu können und doch schon am Abend vergangen ist.

Für das Verhältnis der Geschlechter zueinander wie auch für das Verhältnis der Männer und Frauen zu ihrem eigenen Geschlecht ist die Inspiration des Franziskus, den Reichtum zu entdecken, der da ist, ein wirksamer Ausgangspunkt. Anstatt sich darin zu verlieren, was der eine dem anderen voraus hat, oder sich zu beklagen, was einem noch fehlt, ist die Freude am Reichtum, der Mannsein und Frausein bedeutet, ein einfacher Weg, zu einem geordneten Verhältnis zu sich selbst und zum anderen Geschlecht zu kommen. Die Form des Evangeliums, die in der Ordensregel gewahrt werden soll, lädt dazu ein, sich einander mit klarem Verstand und im Respekt vor der gewählten Lebensform, sowohl vor der eigenen als auch vor der des anderen, zu nähern. Jede Form von Besitzergreifung ist zu unterlassen. Keiner darf beim anderen einfach auftauchen oder ihn in Vertraulichkeiten hineinziehen, deren Entwicklung nicht genau mit dem anderen gemeinsam verantwortet wird. Die erste Frage für den Anfang und den Verlauf einer

Beziehung ist nicht: »Was könnte ich von dir haben?«, sondern: »Was wollen wir miteinander für die anderen sein?«

So einfach ist das.

Den Schritt nach draußen wagen
Anschluss anbieten – Anschluss pflegen

Kapitel 12
Von denen, die unter die Sarazenen und andere Ungläubige gehen

1 *Alle Brüder, die auf göttliche Eingebung hin unter die Sarazenen oder andere Ungläubige gehen wollen, sollen dazu von ihren Provinzialministern die Erlaubnis erbitten.*

2 *Die Minister aber sollen nur denen die Erlaubnis zu gehen erteilen, die sie tauglich finden, geschickt zu werden.*

3 *Außerdem befehle ich den Ministern im Gehorsam, vom Herrn Papst einen aus den Kardinälen der heiligen Römischen Kirche zu erbitten, der diese Brüderschaft lenke, in Schutz und in Zucht nehme,*

4 *auf dass wir, allezeit den Füßen dieser heiligen Kirche untertan und unterworfen, feststehend im katholischen Glauben (vgl. Kol 1,23), die Armut und Demut und das heilige Evangelium unseres Herrn Jesus Christus beobachten, was wir fest versprochen haben.*

Von wegen: Trautes Heim – Glück allein. Für Franziskus ist es selbstverständlich, dass sich in der Gemeinschaft Brüder melden werden, die »auf göttlich Eingebung hin unter die Sarazenen und andere Ungläubige« gehen wollen. Im franziskanischen Bereich ist das zu einem geflügelten Wort geworden. Es steht am Ausgang der Ordensregel wie ein großes Tor, aus dem der Erste der evangelischen Lebensform seine Brüder in die Welt entlässt. Nesthocker zu sein war nicht seine Sache und es sollte auch nicht die Sache der Brüder sein. Wie aber findet man am einfachsten Zugang zu den Menschen?

Interessant an der Wortwahl ist, dass hier nicht von Missionierung die Rede ist oder von der Verkündigung des Evangeliums. Auch wenn dies in der Sache gemeint ist, bewahrt die schließlich anerkannte Ordensregel, der wir hier folgen, den Geist des einfältigen Armen aus Assisi, der eine klare Vorstellung davon hatte, wie der Sendungsauftrag Jesu umzusetzen ist. Sie findet sich in der nicht anerkannten Regel, der Vorgängerfassung des Textes, dem wir hier folgen. Um diesen Geist aufzunehmen, gebe ich die Gelegenheit, das ganze siebzehnte Kapitel, vollgespickt mit Zitaten des Evangeliums, zu lesen. Es heißt dort unter der gleichen Überschrift »Von denen, die unter die Sarazenen und andere Ungläubige gehen wollen« wie folgt:

»Der Herr sagt: ›Seht, ich sende euch wie Schafe mitten unter Wölfe.‹ Seid daher ›klug wie Schlangen und einfältig wie Tauben‹ (Mt 10,16). Daher soll jeder Bruder, der unter die Sarazenen und andere Ungläubige gehen will, mit der Erlaubnis seines Ministers und Dieners gehen. Und der Minister soll ihnen ohne Widerspruch die Erlaubnis geben, wenn er sieht, dass sie tauglich sind, geschickt zu werden; denn er wird dem Herrn Rechenschaft ablegen müssen (vgl. Lk 16,2), wenn er hierin oder in anderen Dingen unüberlegt vorgegangen ist. Die Brüder aber, die hinausziehen, können in zweifacher Weise unter ihnen geistlich wandeln. Eine Art besteht darin, dass sie weder Zank noch Streit beginnen, sondern ›um Gottes willen jeder menschlichen Kreatur‹ (1 Petr 2,13) untertan sind und bekennen, dass sie Christen sind. Die andere Art ist die, dass sie, wenn sie sehen, dass es dem Herrn gefällt, das Wort Gottes verkünden: sie sollen glauben an den allmächtigen Gott, den Vater und den Sohn und den Heiligen Geist, den Schöpfer aller Dinge, an den Sohn, den Erlöser und

Retter, und sie sollen sich taufen lassen und Christen werden; denn ›wenn jemand nicht wiedergeboren wird aus dem Wasser und dem Heiligen Geiste, kann er nicht in das Reich Gottes eingehen‹ (vgl. Joh 3,4). Dieses und anderes, was dem Herrn wohlgefällig ist, können sie ihnen und anderen sagen, denn der Herr sagt im Evangelium: ›Jeder, der mich vor den Menschen bekennen wird, den werde auch ich vor meinem Vater bekennen, der im Himmel ist‹ (Mt 19,32). Und: ›Wer sich meiner und meiner Worte schämt, dessen wird sich auch der Menschensohn schämen, wenn er in seiner und des Vaters und der Engel Herrlichkeit kommen wird‹ (vgl. Lk 9,26). Und alle Brüder, wo auch immer sie sind, sollen bedenken, dass sie sich dem Herrn Jesus Christus übergeben und ihm ihre Leiber überlassen haben. Und um seiner Liebe willen müssen sie sich den sichtbaren wie den unsichtbaren Feinden aussetzen; denn der Herr sagt: ›Wer sein Leben um meinetwillen verliert, wird es retten‹ (vgl. Lk 9,24) ›zum ewigen Leben‹ (Mt 25,46). ›Selig, die Verfolgung leiden um der Gerechtigkeit willen, denn ihrer ist das Himmelreich‹ (Mt 5,10). ›Wenn sie mich verfolgt haben, werden sie auch euch verfolgen‹ (Joh 15,20). Wenn sie ›euch in einer Stadt verfolgen, flieht in eine andere‹ (vgl. Mt 10,23). ›Selig seid ihr‹ (Mt 5,11), wenn euch die Menschen hassen (Lk 6,22) und euch schmähen und verfolgen (vgl. Mt 5,11) und euch ausstoßen und verhöhnen und euren Namen als bös verwerfen (vgl. Lk 6,22) und wenn sie euch alles Schlechte fälschlich nachsagen um meinetwillen (vgl. Mt 5,11). Freut euch an jenem Tage und frohlocket (vgl. Lk 6,23), denn reich ist euer Lohn im Himmel (vgl. Mt 5,12). Und ich sage ›euch, meinen Freunden: Lasst euch von diesen nicht erschrecken‹ (vgl. Lk 12,4) und ›fürchtet jene nicht, die den Leib töten‹ (Mt 10,28) ›und darüber hinaus nichts haben, was sie tun könnten‹ (Lk 12,4). ›Seht zu, dass ihr nicht in Verwirrung geratet‹ (Mt 24,6). Denn in eurer Geduld werdet ihr eure Seelen besitzen (vgl. Lk 21,19). Und ›wer ausharrt bis ans Ende, der wird gerettet werden‹ (Mt 10,22; 24,13).« (NbR 16)

Man merkt gleich, dass die Brüder schon ihre Erfahrungen gemacht hatten. Sie waren ja schon ausgesandt worden und hatten im Stil der Wanderpredigt vor allen Dingen einfach von ihrem Glauben gesprochen. Vielleicht auch deshalb schreibt der Heilige hier von der »ersten Art«, nämlich unter Menschen einfach zu leben und ihnen untertan zu sein. Das ist der Weg, sie am besten davon zu überzeugen, dass hier keine Leute kommen, die andere über den Tisch ziehen wollen. Man wird unwillkürlich an ein Wort aus dem Evangelium erinnert: Der wiederkommende Herr (!) wird sich gürten, die Knechte am Tisch Platz nehmen lassen und sie der Reihe nach bedienen (vgl. Lk 12,37). Ziel ist nicht das Untertan-Sein in einer Art falscher Buckeligkeit. Das Ziel ist die Aufrichtung der Mitmenschen, die ihre Größe erkennen sollen, die ihnen von den sonst Herrschenden in der Welt so oft in Abrede gestellt wird. Bei allem Großmachen der Mitmenschen, unter denen sie leben, sollen sie nicht verheimlichen, dass sie Christen sind. Es soll klar bleiben, wer ihnen Vorbild ist, die Größe zu haben, sich vor anderen so klein zu machen.

Erst dann sollen sie, »wenn es dem Herrn wohlgefällig ist«, Predigt und Glaubensunterweisung folgen lassen. Bemerkenswert ist hier die Aufforderung, sensibel die Perspektive Gottes einzunehmen. Wie Franziskus selbst erfahren hat, dass »der Herr selbst« ihm gezeigt hat, was er zu tun hat, so vertraut er darauf, dass auch die Brüder es »vom Herrn selbst« gezeigt bekommen. Fast logisch ist, dass daraus die Missionsperspektive wird, dass die Brüder sich »nur« verstehen als solche, die im rechten Moment da sind, damit nun »die Sarazenen und andere Ungläubige« erfahren, was ihnen »vom Herrn selbst« gezeigt werden soll. Darin offenbart sich die franziskanische Auffassung von Stärke: Wer selbst zur wahren Stärke nach der Form des heiligen Evangeliums gereift ist, wird anderen Anlass und Wegbegleiter, zur wahren Stärke nach der Form des heiligen Evangeliums zu reifen. Selbst in Kraft gesetzt, keinen und nichts mehr besitzen zu müssen, um wer zu sein, werden die Brüder gesandt, das Evangelium unter anderen Menschen zu leben und ihnen sensible Begleiter zu werden, auf dass es sich auch in ihnen in Kraft setzen kann.

Wer so unter den Menschen lebt, braucht sich keinen Stress zu machen. Er bietet einfach Anschluss an. Am einfachsten ist das in der Form des Fragens. Nur wenige schlagen eine einfache Bitte um Hilfe bei diesem oder jenem aus. Statt beim Bezug einer neuen Wohnung den halben Baumarkt leer zu kaufen, kann man bei den neuen Nachbarn mal nachfragen, ob diese nicht mit dem ein oder anderen Werkzeug aushelfen können. Glücklich, wer dann mit den Worten des Franziskus eine Ablehnung in Kauf nimmt, ein dummes Wort nicht in die Waagschale wirft, sondern von innen heraus freundlich bleibt. Bei nächster Gelegenheit können das dann doch noch ganz schöne Kontakte werden. Bei der Rede von den Sarazenen und den Ungläubigen, zu denen manche Brüder gehen wollen, muss einem natürlich auch der Dialog mit den Muslimen einfallen. Die Sarazenen waren Muslime und Franziskus selbst hat ja damals ein erstaunliches Beispiel gegeben, wie er trotz der säbelrasselnden Kreuzfahrer allein durch seine überzeugende Art – durch sein gelebtes Gottvertrauen und durch seine gelebte Einfachheit, die auf alle Macht und allen Reichtum verzichtet – zum Dialog eingeladen wird (vgl. seine Ankunft mit den Kreuzfahrern in Ägypten, als er dem Sultan al-Kâmil Muhammad al-Malik begegnet). Zu den Ungläubigen fallen mir für heute jene ein, die nicht meinen Wertekanon teilen. Ihnen nicht nachreden, im eigenen Handeln die persönliche Überzeugung auch gegen den Trend leben, manche Frage dadurch auslösen – das sind einfache Schritte, die einen am Ende glücklicher sein lassen als alle noch seltsamen Verrenkungen, sich anzupassen. Dialog braucht starke Partner, die sich auch nach außen hin zeigen. Eine glückliche Gesellschaft stelle ich mir mit Franziskus vor als eine Gemeinschaft von Menschen, in der man sich engagiert mit den Positionen des anderen auseinandersetzt und, o Wunder, dabei seine eigene Überzeugung noch tiefer verstehen lernt.

Dafür ist Ausdauer vonnöten, ein kostbares Gut in einer Zeit, die vom Menschen verlangt, sich fast augenblicklich auf die nächste Neuigkeit einzustellen. Man muss eben »dranbleiben«, was nichts anderes meint als »unter den Menschen zu leben«. Einfache Menschen kennen nicht den Hochmut derer, die etwa hier im Abendland, wie sie sagen, »immer schon leben« und den zugereisten Fremden ihre Welt lassen, sie aber nicht aufsuchen oder gar einladen, die bisher geltende Lebenskultur aufzugreifen und weiterzuentwickeln. Einfache Menschen, denen die Lebensform des Evangeliums heilig ist, kommen nicht auf die Idee, als Touristen und typische »Besserwessis« (im erweiterten Sinn gemeint) in Süd- oder Nah- und Fernost mit Lösungsvorschlägen den Armen mal zu sagen, wo es langgeht. »Unter den Menschen zu leben« mit Ausdauer meint aber auch, sich hier und jetzt der Familie zu stellen, »dich deinen Verwandten nicht zu entziehen« (Jes

58,7). Auf die engste Verwandtschaft bezogen, meint es auch, sich seinem eigenen Kind nicht zu entziehen. In einem Doppelinterview haben der Kopf der Pisa-Studie, Andreas Schleicher, und der Nobelpreisträger Gary Becker auf die Frage von Jürgen Leminski, welche Eigenschaft die Kinder zu Hause erwerben können und die die Wissenschaft heute am dringendsten brauche, spontan geantwortet: Ausdauer. Eine individuelle, konstante Betreuung von Kindern in den ersten Lebensjahren durch sicher präsente Eltern oder eines Elternteils, die beziehungsweise der »unter den Kindern« zu leben bereit ist, sichert am nachhaltigsten deren kreative Entwicklung, lässt sie am besten zu ihrer Kraft kommen. Schöne Worte oder andere Zeichen der »Liebe« nach Feierabend genügen nicht.

Der beständige Anschluss an Menschen und ihn zu pflegen, den Horizont zu erweitern und sich gegenseitig leben zu lassen, ohne dass der eine dem anderen gleichgültig wird: Diese Hinweise zu einem einfachen Leben führen vielleicht nicht zufällig im gleichen Kapitel Muslime und Ungläubige, den Kardinal der römischen Kirche und die Aufforderung zum Gehorsam bis zur Untertänigkeit unter die Füße der römischen Kirche zusammen, um dann im letzten Satz wieder eine Formulierung aus dem ersten Satz der Regel aufzugreifen: »das Evangelium unseres Herrn Jesus Christus zu beobachten«. Wer beachtet, mit welchem Freimut Franziskus mit Papst und Kirche umging, der auch um deren Grenzen gut wusste, kann hier nicht hineininterpretieren, dass es um eine kindische Abgabe von Verantwortung für das eigene Leben und den eigenen Glauben geht. Auch wenn das so gesehen worden ist: Historisch betrachtet war es der Kardinalprotektor, der mit seinem Blick fürs Ganze der Bewegung und des Ordens für Franziskus willkommene

Änderungen in den Entschlüssen seiner Nachfolger im Amt durchsetzte. Auch hat dieser Gestus der Unterwerfung unter die vatikanische Kurie der Bewegung viele Türen geöffnet. Doch davon abgesehen, steht dahinter der tiefere Sinn, im Zusammenhang der Kirche zu bleiben – mit all den Reibungsflächen, die, man denke an die Sarazenen, zum tieferen Verständnis der je eigenen Position führen, auch im innerkirchlichen Disput. Wenn grundsätzliche Entscheidungen einfach klar sind, führt jedes »Ich bin dann mal weg« in die Irre. Dranbleiben und unter den Menschen bleiben, die einem zur Seite gestellt sind, ist dem, der einfach glücklich werden will, selbstverständlich. Wer an seinem Platz bleibt, den er mit Gottes Hilfe gewählt hat, der kann seine Kraft in Tiefbohrungen besser verwenden als in unendlichen Versuchen, wegzuspringen.

Wer bleibt, kann verändern. Auch sich. Im Blick auf die Treue des Franziskus zu seinen Brüdern, die so ganz anders sich entwickelten, als er dachte, und zur Kirche, denke ich gern an das Wort Jesu: »Bleibt in mir, dann bleibe ich in euch. Wie die Rebe aus sich keine Frucht bringen kann, sondern nur, wenn sie am Weinstock bleibt, so könnt auch ihr keine Frucht bringen, wenn ihr nicht in mir bleibt. Ich bin der Weinstock, ihr seid die Reben. Wer in mir bleibt und in wem ich bleibe, der bringt reiche Frucht; denn getrennt von mir könnt ihr nichts vollbringen.« (Joh 15,4f)

Erst wer so beheimatet ist, kann auch wirklich hinausgehen. Ich erkenne in Demut, dass ich ein Angesprochener und Gerufener bin. »Mensch, stell dich auf deine Füße; ich will mit dir reden!« (Ez 2,1) Solches Aufstehen und Geradestehen vor Gott, die Arme auszubreiten vor dem Kreuz und zu ihm sagen: »So, Herr, will ich sein, verwurzelt in der Erde, ganz zu dir erhoben, und rechts und links will ich hinausgreifen in die Welt und will sie umfassen. Ohne Angst. Ich will bei dir sein. Aufstehen. Ich will mit dir gehen.« – Das gibt Heimat und Kraft zugleich.

Daraus erwächst eine Weitung des Herzens, die in der Tradition unseres Kapuzinerordens im Herzensgebet gepflegt wird. Das Herz fängt, mit Verlaub gesagt, an, zu einem Glutofen zu werden. Es begibt sich Herzschlag für Herzschlag ins Innerste Gottes, um von dort hinausgesandt zu werden, »unter den Menschen« zu leben und zu wirken. Dieses immerwährende Herzensgebet trägt, freilich nach einem entsprechenden Übungsweg, zu Gott und zu den Menschen. Wollte man es in Worte fassen, würde es sich so anhören: »Ich liebe Dich, Jesus! Mit Dir bin ich auf dem Weg. Lass mich Dein Apostel sein, Jesus. Schau, da sind einige Mitmenschen. Ich weiß nicht, wie sie sind. Ich weiß nicht, wie du mir aus ihnen entgegenkommen willst. Aber du bist ja mit mir und ich brauche keine Angst zu haben. Ich habe keine Ahnung, was irgendwie dabei herauskommt. Und ich lasse mich ein, weil du dich einlässt, weil du in Bethlehem warst, weil du auf Golgatha warst, weil du in dem Dreck gekniet hast, in der Müllkippe von Jerusalem (das Gebiet jenseits des Baches Kidron war die Müllkippe von Jerusalem). Da hast du drin gekniet, hast die alten Abfallreste genommen. Dir ist wirklich nichts zu schade, um uns Menschen zu erreichen und uns aufzurichten.«

Etwa so betet es sich aus der Tradition der Reformfranziskaner des 16. Jahrhunderts, die bis heute Kapuziner heißen. Daraus folgt ein Hingehen, auf andere Eingehen. Die sprichwörtliche Volksverbundenheit geht einfach davon aus: Niemand ist so blöd, dass man nicht mit ihm reden könnte und dass Gott da nicht seine

Wunder tun könnte. Einfach unterwegs sein. Martin von Cochem nennt im 17. Jahrhundert kurze Gebete, die den immerwährenden Anschluss an Jesus und die Gemeinschaft der Kirche und darin der Brüder sicherstellen, Schussgebetlein: Schussgebete, die von uns zum Himmel schießen, damit uns, bildlich gesprochen, der Horizont nicht zuwächst. Wir haben Perspektive. Wir schießen uns betend die Zukunft auf, die sich uns oft so verschlossen entgegenhält.

In vielfältigen Formen haben die Kapuziner ihre Erfahrung mit Gott und in der Gemeinschaft zu ihren Mitmenschen getragen. Wir franziskanische Brüder lassen uns auch heute von der Franziskusregel inspirieren, missionarisch zu sein. In kleinen Brüdergemeinschaften teilen wir das Leben mit den Armen am Rande der Gesellschaft. Oder wir lassen Männer und Frauen in unserer Gemeinschaft mitleben. Durch Vorträge in Kirche oder Wirtschaft und Vorlesungen in unserer Hochschule teilen wir mit, was wir auch durch unsere Lebensart gelernt haben. In politischen Kreisen geben Brüder Impulse für gesellschaftliche Veränderungsprozesse. Wir werden getragen von Brüdern, die ihr Leben ganz der Meditation und dem Gebet geweiht haben, und von solchen, die als Hausmeister, Pförtner, Gärtner oder Köche der Gemeinschaft dienen und sie gleichzeitig mit der Nachbarschaft vernetzen. Das weltweite Netzwerk bilden die über elftausend Kapuziner und viele Zehntausende weiterer Brüder und Schwestern, die nicht für den eigenen Profit global geschwisterlich leben, sondern zur Verwirklichung einer Weltgemeinschaft, von der viele nur träumen.

Die franziskanische Lebensform hat ein Profil, das der Sehnsucht vieler Menschen nach einem einfachen, glücklichen Leben entspricht. Die franziskanische

Ordensregel kann jeder in seinem Leben gültig werden lassen. Wem das zu schwierig vorkommt, hat immer noch nicht verstanden, dass es um den Geist und nicht um den Buchstaben geht. Es geht darum, sich nie als fertig zu empfinden, sondern Gott zuzutrauen, mit dem wenigen, das man hat, Großes vollbringen zu können. Man muss »nur« dazu bereit sein, es nicht für sich zu behalten, sondern das Gott und den Mitmenschen zur Verfügung zu stellen, was man erhalten hat.

Für das Glück eines einfachen Lebens.

Keinem Menschen soll es nun gestattet sein, dieses Unser Bestätigungsschreiben anzufechten oder mit leichtfertigem Unterfangen dagegen anzukämpfen. Sollte aber jemand sich herausnehmen, dies zu versuchen, so wisse er, dass der sich die Ungnade des allmächtigen Gottes und seiner heiligen Apostel Petrus und Paulus zuziehen wird. Gegeben im Lateran am 29. November im 8. Jahre Unseres Pontifikates.

Quellen

Die Zitate aus den franziskanischen Schriften wurden folgenden Ausgaben entnommen:
Die Schriften des heiligen Franziskus von Assisi, herausgegeben von Lothar Hardick OFM und Engelbert Grau OFM, Werl i.W. 1980 (Franziskanische Quellenschriften 1)

Die Schriften des Franziskus sind auch als Taschenbuch erschienen:
Leonhard Lehmann, Das Erbe eines Armen, Franziskus-Schriften (Topos plus, 464), Kevelaer 2003

In diesem Buch wird zitiert aus:
BR: Bullierte Regel (1223)
Erm: Ermahnungen
GrTug: Gruß an die Tugenden
LobGott: Lobpreis Gottes für Bruder Leo (Sept. 1224)
NbR: Nicht bullierte Regel (1209–1221)
Vat: Meditation zum Vaterunser
Min: Brief an einen Minister

Die zeitgenössischen Biografien:
1 Cel/2 Cel: Thomas von Celano, Leben und Wunder des hl. Franziskus von Assisi. Einführung, Übersetzung, Anmerkungen von E. Grau OFM, Werl i.W. 1980 (Franziskanische Quellenschriften 5)
Bon: Großes Franziskusleben: Franziskus, Engel des sechsten Siegels. Sein Leben nach den Schriften des hl. Bonaventura, Einführung, Übersetzung, Anmerkun-

gen von S. Clasen OFM, Werl i.W. 1980 (Franziskanische Quellenschriften 7)

Gef: Dreigefährtenlegende des Heiligen Franziskus von Assisi von Bruder Leo, Rufin und Angelus. Einführung, Übersetzung und Anmerkung von Engelbert Grau. Und Anonymus Perusinus. Übersetzung von Hanspeter Betschart u.a., Einf. und Anmerk. von Engelbert Grau. Werl i.W. 1993. 277 S. (Franziskanische Quellenschriften 8)

LebKla: Leben und Schriften der heiligen Klara. herausgegeben. von Engelbert Grau OFM, Werl i.W. 1997 (Franziskanische Quellenschriften 2)

Bis auf Gef sind alle oben genannten Texte im Internet zugänglich gemacht bei:

www.schriften.franziskaner-werd.ch

In Kürze erscheint eine völlige Neubearbeitung der franziskanischen Schriften, auf die hier noch nicht zurückgegriffen werden konnte:

Leonhard Lehmann (Hrsg.), Omnibus. Die Franziskanischen Quellenschriften, Kevelaer 2009

Zum Weiterlesen

Ein Lebensbild, das historisch genau Franziskus erfasst und seine Bedeutung für unsere Zeit heute auslotet:
Niklaus Kuster, Franziskus – Rebell und Heiliger, Freiburg 2009

Eine gut lesbare Einführung in das Beten des Heiligen Franziskus:
Leonhard Lehmann, Franziskus – Meister des Gebets. Eine Einführung (Topos 599), Kevelaer 2007

Wer den Kapuzinerorden näher kennenlernen will, findet hier viele Informationen zum Selbstverständnis der Brüder:
Die Kapuziner – ein franziskanischer Lebensentwurf, Arbeitsgemeinschaft deutschsprachiger Kapuzinerprovinzen (ADK), o.J. (2006), kostenlos zu beziehen über: www.kapuziner.org

Aktualisierter Blog zur franziskanisch-kapuzinischen internationalen Mission:
adgentesofmcap.blogspot.com

Zur Vision einer geschwisterlichen Welt:
www.franciscansinternational.org

Wer sich anleiten lassen möchte, franziskanische Haltungen zu üben, findet hier gute Lehrer:
Gottes-Sehnsucht. Einübungen in franziskanische Spiritualität, Margareta Gruber, Christiana Mülling, Herbert

Schneider, Paul Zahner, mit Holzschnitten von Sigmunda
May, München 2005

Wer die Wirkungsgeschichte der Franziskusregel näher
studieren will, findet hier einen guten Zugang auch zu
vertiefender Literatur:
Zeitschrift für Missionswissenschaft und Religionswis-
senschaft, Heft 3–4, 92. Jahrgang 2008, zu beziehen
über: www.unifr.ch/zmr

Wer sich näher mit der Zeit beschäftigen will, in der
Franziskus die neue Lebensform entdeckte:
Regel und Leben. – Materialien zur Franziskus-Regel, 1.
(Werkstatt Franziskanische Forschung, Band 1) Werk-
statt Franziskanische Forschung / Fachstelle Franziskani-
sche Forschung (Hrsg.), Norderstedt 2007
Regel und Leben – Materialien zur Franziskus-Regel, 2.
(Werkstatt Franziskanische Forschung, Band 3) Werk-
statt Franziskanische Forschung / Fachstelle Franziskani-
sche Forschung (Hrsg.), Norderstedt 2009

Laufend neue Informationen aus der franziskanischen
Forschung sind hier zu finden:
www.fachstelle-franziskanische-forschung.de

Weitere kommentierte Buchempfehlungen von Büchern
aus der franziskanisch-kapuzinischen Spiritualität bietet
ein Spezial-Buchshop:
www.bppublic.de

Die franziskanische Laienbewegung mit ihren weltweit
über 400 000 Mitgliedern hat auch in Deutschland ihre
Mitglieder:
www.ofs.de

Die Kapuziner im deutschsprachigen Raum stellen sich hier vor:
www.kapuziner.org

Wer selbst Kapuziner werden will oder junge Männer kennt, die einfach leben könnten als Kapuziner, wird vom Autor gern näher informiert. Er betreut die Internetseite:
www.kapuziner-jugend.de

Jonathan Düring
Ihr seid das Salz, nicht die Suppe
Von der befreienden Kraft des frohen Glaubens

128 Seiten, broschiert, ISBN 978-3-89680-435-8

Der Glaube als Würze unseres Lebens

Christ sein heißt, Salz sein für die Gesellschaft! „Ihr seid das Salz der Erde", sagt Jesus in der Bergpredigt zu den ersten Christen. Die meisten Christen aber, so Jonathan Düring, sind heute mehr die geschmacklose Suppe, als das Salz ... Das Buch geht von der Situation des Glaubens in unserer heutigen Gesellschaft aus. Gegen den „Tsunami an Gleichgültigkeit und Beliebigkeit" braucht es nicht so sehr religiöse Mega-Events – wie etwa die Weltjugendtage –, sondern die aus der Kraft des Evangeliums schöpfende Lust am Leben, die sich jenseits der Großereignisse im Alltag zeigt. Hier gilt es, die Welt als Welt ernst zu nehmen, das Gespür für das Wesentliche zu entwickeln und der Kraft des Unscheinbaren zu vertrauen. Wie das Salz sich auflösen muss, um wirksam zu werden, und nur in kleinen Brisen schmackhaft ist, so braucht auch der Glaube Einsatz und Maß, um für andere wirksam werden zu können. Als Haltungen braucht es Stille und Schweigen, Einsamkeit und Demut, Dankbarkeit und Gelassenheit. Ein solches Leben führt dann zu Aufrichtigkeit, Freude und Freiheit. Jonathan Düring motiviert uns dazu, den Glaubensweg mit kleinen Schritten zu gehen. Dann können wir frohen Mutes auf die Kraft des Christseins vertrauen, auch wenn sich ihre Wirkung erstmal nicht vordergründig zeigt.

P. Jonathan Düring ist Mönch der Benediktinerabtei Münsterschwarzach und erfahrener Seelsorger. Seit 2008 ist der beliebte Pater Subprior in St. Benedikt, Damme.

Vier-Türme-Verlag, 97359 Münsterschwarzach
Telefon 09324 / 20 292, Telefax 09324 / 20 495
E-mail: info@vier-tuerme.de
www.vier-tuerme-verlag.de

Mauritius Wilde

Respekt

Die Kunst der gegenseitigen Wertschätzung

128 Seiten, gebunden, ISBN 978-3-89680-436-5

Respekt als christliche Lebenshaltung

Mit Respektlosigkeit umgehen können – sich achtsam begegnen – Gottes Achtung fühlen: Suchen wir nicht alle gegenseitige Wertschätzung und vermissen manchmal den respektvollen Umgang? Aber wie können wir den Anderen achten oder sogar ehren? Mauritius Wilde zeigt uns aus seiner reichen Erfahrung als Benediktinermönch und geistlicher Begleiter, wie wir lernen können, Unterschiede zu achten und in Sorgfalt und Aufmerksamkeit dem Anderen Raum zu geben. Und schließlich Gottes Respekt uns gegenüber spüren können. Gerade heute erleben Werte wie Respekt eine neue Bedeutung. Der respektvolle Umgang miteinander ist vielen Menschen wichtig. Aber was ist Respekt? Und wie geht er? Woher kommt er? Mauritius Wilde zeigt mit alltäglichen Beispielen, dass Respekt mehr ist, als das, was man einer „Respektsperson" entgegenbringt. Er möchte uns mit Hilfe von Meister Eckhart und Beispielen aus „Der kleine Prinz" vermitteln, wie wir Respekt – aus einer christlichen Lebenshaltung heraus – konkret im Leben leben können. Dabei geht er darauf ein, wie wir Respekt zwischen Liebenden, zwischen den Generationen, selbst zwischen Kontrahenten und gegenüber Tieren, Pflanzen und unserer Umwelt leben können. Es eine wichtige Anleitung zum Leben mit Werten.

P. Mauritius Wilde ist Mönch der Benediktinerabtei Münsterschwarzach. Er ist geistlicher Begleiter, gefragter Kursleiter und hält Seminare zu spirituellen Themen.

Vier-Türme-Verlag, 97359 Münsterschwarzach
Telefon 09324 / 20 292, Telefax 09324 / 20 495
E-mail: info@vier-tuerme.de
www.vier-tuerme-verlag.de

Petra Altmannn
Wie Mönche und Nonnen leben

Mit einen Vorwort von Abt Michael Reepen
156 Seiten, gebunden, ISBN 978-3-89680-402-0

Fragen, die Sie schon immer zum Leben im Kloster stellen wollten

Warum geht jemand ins Kloster?

Wie sieht der Tagesablauf in einem Kloster aus?

Haben Mönche und Nonnen Urlaub?

Wie geht man im Kloster mit Konflikten um?

Wie versorgt man die Alten und Kranken im Kloster?

Bekommen Ordensleute Taschengeld?

Diese und viele weitere Fragen, die Sie schon immer stellen wollten, beantworten in diesem Buch Mönche der Abtei Münsterschwarzach und Nonnen des Benediktinerinnen-Klosters Köln-Raderberg. Das Buch ist mehr als ein Blick durch das Schlüsselloch der Klosterpforte. Es bringt den Lesern auch den Lebensrhythmus, den spirituellen Hintergrund und das Gemeinschaftsleben eines Klosters näher. Zahlreiche Mönche und Nonnen erzählen aus ihrem Alltag und ihrem Leben.

Petra Altmann arbeitet als freie Journalistin und Buchautorin. Seit vielen Jahren beschäftigt sie sich mit Klöstern. Sie verbringt regelmäßig Tage im Kloster und schöpft aus dem Erfahrungsschatz der Mönche und Nonnen.

Vier-Türme-Verlag, 97359 Münsterschwarzach
Telefon 09324 / 20 292, Telefax 09324 / 20 495
E-mail: info@vier-tuerme.de
www.vier-tuerme-verlag.de